全国技工院校公共课教材

美育

——美即生活

（第四版）

MEIYU

MEI JI SHENGHUO

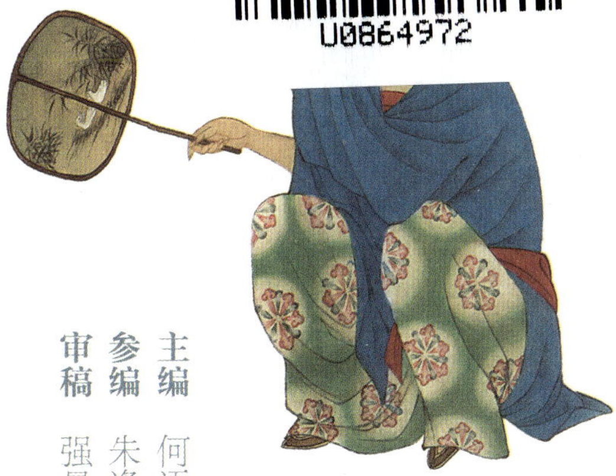

主编　何语华

参编　朱逢丹　陈含笑　刘腾腾　孙楚越　胡　瑞　张　虹

审稿　强晏红　周　殷

中国劳动社会保障出版社

图书在版编目（CIP）数据

美育：美即生活 / 何语华主编 . -- 4 版 . -- 北京：中国劳动社会保障出版社，2021
全国技工院校公共课教材
ISBN 978-7-5167-5208-1

Ⅰ. ①美⋯ Ⅱ. ①何⋯ Ⅲ. ①美育 - 技工学校 - 教材 Ⅳ. ① G40-014

中国版本图书馆 CIP 数据核字（2021）第 258154 号

中国劳动社会保障出版社出版发行
（北京市惠新东街 1 号 邮政编码：100029）
*
北京宏伟双华印刷有限公司印刷装订 新华书店经销

880 毫米 × 1230 毫米 16 开本 15.5 印张 267 千字
2021 年 12 月第 4 版 2023 年 5 月第 10 次印刷
定价：35.00 元

营销中心电话：400-606-6496
出版社网址：http://www.class.com.cn
http://jg.class.com.cn

前言

为进一步强化新时代职业院校美育育人功能，引导学生树立正确的审美观、文化观，培养具有审美修养的高素质技能人才，我们根据2020年10月中共中央办公厅、国务院办公厅印发的《关于全面加强和改进新时代学校美育工作的意见》，组织有关专家和教师在《美育》（第三版）的基础上编写了这一教材。

本教材由“美和审美”“美的欣赏”“美的创造”三个单元组成，共十五课，内容涉及美化生活、美化社会、美化人生等。本教材遵循“贴近实际、贴近生活、贴近学生”的编写原则，力求体现如下特色：一是坚持弘扬社会主义核心价值观，强化中华优秀传统文化、革命文化、社会主义先进文化教育，引领学生树立正确的历史观、民族观、国家观、文化观，陶冶高尚情操，塑造美好心灵，完善人格修养，增强文化自信。二是阐述美的起源和发展，探究美的本质和特征，剖析美的类型和形态，帮助学生增长美的基础知识，丰富审美体验，开阔人文视野。三是秉持融合理念，坚持五育并举，渗透劳动教育，培养工匠精神、科学精神，增强学生文化创新和技术创新意识。本教材通过大量案例和思考与交流活动，帮助学生掌握审美方法，提高审美修养，培养感受美、认识美、欣赏美和创造美的能力，同时注重实践教育、体验教育、养成教育，力求知识学习、能力培养和行为养成的统一，具有很强的针对性和实用性。

本教材既适合职业院校美育教学使用，也可供其他关心青少年审美教育的人士使用和参考。

本教材由何语华主编，朱逢丹、陈含笑、刘腾腾、孙楚越、胡瑞、张虹等参与编写，强晏红、周殷审稿。

编写本教材参考和引用了大量的文献和图片资料。在此，谨向文献和图片资料的作者致以诚挚的谢意！由于时间仓促，不足之处在所难免，请广大读者在使用过程中提出宝贵意见，以便我们不断完善教材。

绪论

一、美育简史

美育，又称审美教育。人类很早就看到了审美与教育的关系。早在先秦时期，孔子就认识到诗、乐对心灵的感化作用，大力提倡“诗教”和“乐教”。荀子认为音乐可以深入人心，能把人的情感欲望导向礼义，从而达到道德教育的目的。古希腊思想家柏拉图十分推崇音乐和史诗的教育作用。他认为，艺术教育是培养优秀的城邦保卫者不可缺少的手段。亚里士多德进一步总结了审美教育的三种功能，即“教育”“净化”和“精神享受”。

文艺复兴时期，在欧洲产生了“人的全面发展”的思想，审美教育得到了更高程度的重视。18 世纪，德国文学家席勒写出《美育书简》一书，首次提出了“美育”的概念，并相当全面地论述了美育的性质、任务及社会意义。席勒之后的许多美学家如黑格尔、车尔尼雪夫斯基等，在创立美学理论体系的同时，也阐述了许多美育思想，促进了美育的发展。

在中国，著名学者王国维首先从教育学角度论述美育。他将美育与德育、智育、体育相提并论，明确提出美育是培养“完全之人物”所不可缺少的一项重要内容。蔡元培是我国现代美育事业的先驱和奠基人。他准确地把握了美育陶冶感情、塑造人格的性质，系统地论述了美育的功能、地位以及实施美育的途径和手段，并提出“以美育代宗教”以提高国民素质的思想主张。此后，美育在中国得到进一步重视。

在新中国成立之前，文化界提倡美育、宣传美育比较著名的有王统照、丰子恺、朱光潜等人。王统照认为，美育是“改造人间的福音，铲除万恶的利器”，是“使人生达到完美完善之地”的一种教育。丰子恺大力宣传艺术的审美教育作用，并以艺术家的丰富感情和热情积极开展审美教育。朱光潜是著名的美学家，也是一位倡导美育的热心者。他把艺术看作是美育的重要手段，认为艺术能帮助我们认识人生，培养高尚的道德精神。

新中国成立之后，美育进一步得到重视。1952 年颁布的幼儿园、小学、中学暂行规程（草案），都规定了要对学生进行德、智、体、美诸方面全面发展的教育，1986 年，国务院《关于第七个五年计划的报告》重申，美育是党的教育方针的一个重要组成部分，这对推进美育具有重大意义。广大美学工作者、教育工作者，满腔热忱地开展美育的学术研讨和进行广泛的美育实践，我国美育事业有了较快的发展，取得了明显的进步。

中国特色社会主义进入新时代以来，党和政府更加重视美育工作。2018 年 9 月 10 日，习近平总书记在全国教育大会上的讲话中强调，要全面加强和改进学校美育，坚持以美育人、以文化人，提高学生审美和人文素养。2020 年 10 月，中共中央办公厅、国务院办公厅印发《关于全面加强和改进新时代学校美育工作的意见》，要求把美育纳入各级各类学校人才培养全过程，贯穿学校教育各学段，培养德智体美劳全面发展的社会主义建设者和接班人。

二、美育的性质和任务

美育作为教育的一个重要组成部分，与德育、智育、体育、劳动教育等共同承担着塑造完善的人的教育目标：德育侧重于政治思想、道德品质教育；智育侧重于知识技能的传授和智力开发；体育侧重于增强身体素质；劳动教育侧重于劳动态度、劳动习惯的养成；美育则是诉诸情感的教育，侧重于陶冶情操，温润心灵，塑造灵魂。蔡元培认为："美育者，应用美学之理论于教育，以陶养感情为目的者也。"具体地说，美育是以一定的美学理论指导人们的审美实践活动，培养人们健康的审美观念、审美理想，陶冶人们的思想情操，提高人们感受美、鉴赏美和创造美的能力的一种教育活动。

美育的中心任务是提高人们的审美素养。具体地说，包括以下三个方面。

1. 培养正确的审美观

审美观是人们对美丑的基本观点，是世界观的一个组成部分。马克思主义的审美观是最先进的审美观，是人民群众改造客观世界和主观世界的有力的精神武器。美育的首要任务，就是要通过审美实践，陶冶人们的思想情操，提升人们的精神境界，引导人们树立正确、健康的审美观，使之真正成为生活中的一种指导思想。

2. 培养审美的敏感

所谓审美的敏感，是一种善于在生活、自然、艺术、科技中发现美、感受美、鉴赏美的能力，主要包括审美感受力、审美想象力和审美鉴赏力。审美感受力是指人们的感官对审美对象感知、领会的能力。它是审美活动的出发点，也是其他审美能力产生和发展的基础。审美想象力是指人们在审美感知的基础上，对原有审美表象进行再现、组合和改造的能力。它是一切艺术创作和审美活动的必要条件。审美鉴赏是更高层次的审美活动过程，理性因素相对突出。审美鉴赏力是指对审美对象的鉴别与评价的能力，包括识别审美对象美与不美的能力，评价审美对象的审美价值高低的能力，领悟与鉴别审美对象的类型、形态的能力。美育就是要引导人们提高文化素养和艺术素养，在审美经验的积累中，获得这些审美能力，形成审美的敏感。

3. 培养创造美的能力

创造美的能力是人们按照美的规律创造美的事物和美化社会、美化自身的能力。培养创造美的能力是审美教育的目的之一。要提高人们创造美的能力，就必须在审美实践中通过各种途径引导人们树立崇高的审美理想，提高创造美的心理素质，锻炼驾驭形式美的能力，在美的创造中发挥个性特点。

三、美育的育人功能

美育不仅可以培养人们的审美素养，它在发展人、完善人的教育活动中还有着特殊的功能，其主要表现如下。

1. 美能育德

美育是立德树人的重要载体。首先，美育具有道德感化的功能。美育本身包含着是非观、荣辱感、羞耻心等德育因素，它对于陶冶情操、净化心灵、培养高尚的品德、树立正确的世界观和人生观，有着特殊的功效。一代青年楷模张海迪在谈到自己的成长过程时说，是《钢铁是怎样炼成的》使她懂得了应该怎样生活，怎样做人，怎样在艰难的情况下自强不息。其次，美育主要是靠美的形象打动人，如果把思想政治、道德品质教育寓于美育之中，以美引善，能使人在不知不觉中受到熏陶和感染，容易收到“随风潜入夜，润物细无声”的效果。例如，游历名胜古迹，能让我们饱览祖国的锦绣风光，了解中华民族悠久的历史文化，自然能够激发我们的民族自豪感以及对于祖国的热爱之情；诵读杜甫的“三吏”“三别”，诗人感时伤世、忧国忧民的深沉情感能引发我们强烈的心灵共鸣；沉浸于贝多芬的《第五交响曲》或柴可夫斯基《第六交响曲（悲怆）》之中，那撼人心魄的旋律能荡涤心胸，让我们摒弃私欲，感受到崇高。可见，充分发挥美育的感化功能，寓思想道德教育于美育之中，可以提高德育的效果。

2. 美能启智

美育可以促进人的智力发展，其主要表现如下：首先，美育在培养人的审美能力的过程中，能培养人们的观察能力、思维能力和创造能力。观察是智力提升的重要推力，在生活中观察美，掌握观察的方法，有助于提高我们的观察能力。思维能力是智力中活跃的因素，它包括抽象思维能力和形象想象能力，两者在内容与形式上虽有所不同，却是相互联系、相互促进的。想象能力的一个重要方面就是从原有的形象创造出新的形象的能力，可以说是一种创造能力。培养这种想象的创造能力对于提高人的整体创造能力起着重要的作用。其次，人们通过对自然界、社会生活及艺术领域里的美的欣赏，可以在愉悦精神的同时，了解历史、了解自然、了解社会，获得各种自然科学和社会科学的知识。最后，审美活动可以调节人的大脑机能，提高学习和工作的效率。现代科学研究表明，人的大脑两个半球，具有不同的功能，左半球是“数字脑”，管理人的语言、数字、逻辑等；右半球是“模拟脑”，管理图像、音乐及其他非语言信息。如果在紧张的科学思维之后，有一个轻松的文化娱乐活动，就能转换兴奋中心，使大脑左半球得到休息，大脑机能得到有效的调节，从而提高学习和工作效率。

3. 美能益心健体

美育能促进人的身心健康发展。首先，美育是一种情感教育，能使人在精神上得到愉悦和熏陶。我们欣赏优美的音乐，阅读感人的小说，游览祖国大好河山，都能够陶冶性情，愉悦身心。其次，美育在疏导人的情感、调节与稳定情绪、保持心理平衡方面也起着重要的作用。古人认为舞蹈能够调和阴阳之气、疏散郁闷之情，诗歌可以排遣怨怒而使人心气平和。现代医学研究表明，音乐、绘画、书法等有助于人们保持身心健康。最后，美育能够让人们懂得什么是形体美，怎样欣赏和追求健美的形体。此外，许多体育运动也包含着美的因素，如艺术体操、花样滑冰、花样游泳等。

四、美育的学习方法

感受美、追求美和创造美，是当代青年应该掌握的重要能力。那么，我们怎样才能养成这种能力呢?

1. 掌握关于“美”的基本知识

爱“美”必先知“美”。对于我们来说，需要掌握的“美”的基本知识有三类：一是美学基本理论知识。美学理论知识是对人类审美现象的整体分析和概括。学习这些知识，能够使我们懂得美的原则和各种审美范畴，懂得美的存在形态以及人类审美活动的过程，从而树立正确的审美观，形成高尚、健康的审美理念和审美情趣。二是艺术理论与艺术史知识。审美与艺术有着千丝万缕的联系。艺术欣赏需要一定的理论指导和知识积累，如需要掌握各类艺术的基本特征、艺术家的创作风格、作品的时代及社会背景等。三是其他审美常识，如自然美、社会美、科学美、技术美常识。需要指出的是，学习有关美的基本知识，要重点掌握美的基本规律及审美的基本方法，了解常见审美对象的基本内容和特征，并与感悟美、品味美的实践活动密切联系。

2. 主动感受和追求美的事物

知“美”是为了好“美”。所谓好“美”，是指当人们的审美能力得到提高后，能发现美、感受美，从而对美的事物产生喜好之情。我们应该热爱并积极参与审美及艺术活动，这不仅可使生活丰富多彩，而且有助于启迪智慧。无数事实证明，新奇的想象、巧妙的构思和闪光的灵感，一向偏爱知识渊博、眼界开阔、爱好广泛的人。许多有重大成就的伟人都兼备科学家和艺术家的双重修养。东汉的张衡发明了浑天仪、地动仪，是杰出的科学家，他还是有名的文学家，以《二京赋》《四愁诗》闻名文学史；现代著名学者苏步青不仅在数学领域有重大成就，而且在古典诗词方面也很有造诣；大科学家爱因斯坦不但创立了相对论，而且还是一位有名的小提琴手。从这些为人类作出巨大贡献的伟人身上，我们可以得到启示：不管从事什么工作，都应该热爱审美及艺术活动。因此，我们应该主动地感受和追求美的事物，积极参与审美活动，如欣赏艺术作品、诵读诗歌美文、吟唱优秀歌曲、参观文物古迹、游历名山大川等，从中获得美的体验，从而在心灵深处感受美带给我们的愉悦和欢快。

3. 积极投身到美的实践和创造活动中去

好“美”还要创“美”。社会的进步就是人类对美的追求的结晶。美育的目的是促进人们在思想、道德、情感、智力及体格等方面的全面发展，完善人们对美好事物的感受能力，激发人们按照美的规律创造高度物质文明和精神文明。我们应该积极投身于美的实践和创造活动中，把有关美的知识运用到日常生活和工作之中，自觉追求美、表现美，自觉摈弃丑、消灭丑，努力创造美、生产美，推动社会文明进步。

同学们，美无处不在，美无时不有。让我们通过美的启迪，拥有一双发现美的眼睛；让我们通过美的引领，拥有一双创造美的双手。愿同学们都能成为美的朋友、美的使者、美的创造者！

目录

001 **第一单元　美和审美**
002 第一课　美的起源和发展
009 第二课　美的本质和特征
018 第三课　美的类型
035 第四课　审美与美感

049 **第二单元　美的欣赏**
050 第五课　形式美的欣赏
070 第六课　自然美的欣赏
091 第七课　社会美的欣赏
110 第八课　科学美的欣赏
120 第九课　技术美的欣赏
133 第十课　艺术美的欣赏（一）
145 第十一课　艺术美的欣赏（二）

177 **第三单元 美的创造**
178 第十二课 创设美好环境
192 第十三课 塑造良好形象
208 第十四课 培养高雅生活情趣
226 第十五课 缔造美丽人生

第一单元

美和审美

一位艺术家曾经说过，生活中并不缺少美，而是缺少发现美的眼睛。要真正发现美、欣赏美并创造美，首先必须弄清什么是美和审美。在本单元中，我们将介绍美的一些基本知识，谈谈如何树立正确的审美观，如何提高审美能力。

第一课　美的起源和发展

- 美是一种自然现象，还是社会现象？
- 人类的审美意识是怎样形成的？
- 原始陶塑、原始乐舞、原始绘画与人类的社会生活有着怎样的关系？

美是一种社会现象，它起源于人类改造和利用自然的社会实践活动中。人的审美能力不是天生的，而是在后天的实践中逐渐形成和发展起来的。

一、从工具到礼器

人类最初的审美意识，是在创造和使用生产工具的过程中产生的；人类最早的审美体验，也产生于生产工具创造和使用的经验之中。当人们在生产劳动中打制石器工具，制作石刀、石斧的时候，为了使用方便，就把工具打磨得光滑、均匀、规整一些。在“工具应具有规律性形状”的感知中，已经孕育着人类审美意识的萌芽。

自然界中的石块（见图 1-1）多是不规则的。

图 1-1　自然界中的石块

大三棱尖状器（见图 1-2）是旧石器时代中期山西襄汾丁村人所使用的石器。它在造型上从实用出发，注意对称、均衡，在外形上和自然形态的石块已经有了较显著的区别，体现了人类智慧的发展和审美意识的萌芽。

图 1-2　大三棱尖状器

石斧（见图 1-3）是新石器早期裴李岗文化先民使用的石器。石斧通体磨制，两侧边沿较直平，宽端刃部呈弧形，较锋利，窄端刃部呈舌形，较圆钝。这种两侧均匀、双面磨刃的造型，不仅便于使用，而且呈现出一种美。

玉钺（见图 1-4）是新石器中晚期良渚文化军权的象征，装上木柄，相当于权杖。其器身呈风字形，器表光滑精致，光洁闪亮。两面的刃部上角均以浅浮雕加阴文细刻琢成神人兽面图像，下角均有神鸟纹饰。它是良渚人在征伐活动中使用的礼器。

图 1-3　石斧

图 1-4　神人兽面纹玉钺

● 思考与交流

1. 从自然界中不规则的石块，到襄汾丁村人的大三棱尖状器，再到裴李岗的石斧，它们的造型从不规则到对称、均衡，体现美感，你从中获得了哪些启示？

2. 钺最初是作为生产工具或武器的斧子，后来演变为非实用的象征权力的礼器，这种演变说明了什么？

● 知识链接

“美”字的本义

关于“美”字的本义，一般有两种解释。一种说法是美“从羊从大”，认为“羊大则美”。羊作为美的对象，与社会生活中畜牧业的出现是分不开的。羊作为驯养的动物，是当时人们生活资料的重要来源之一。羊不仅可作食物，而且性格温顺，惹人喜爱，特别是羊的身上有些特征，如角的对称、毛的卷曲等，都富有一定美感。另一种说法认为“羊人为美”。“美”字表现的是一个正立的人的形象，他头插羽毛或戴着其他饰品。这说明“美”字的本义与人、与装饰性效果有一定关系。

二、有意味的形式

人类社会进入新石器时代以后，石器的造型更加均匀、规整，而且还有了方圆的变化。同时，许多彩陶器具产生了，这些器具的造型十分优美，技法熟练，色彩鲜艳，花纹丰富，装饰图案和器具的形状结合得非常和谐，装饰部位的选择和人的视角关系的处理恰到好处。特别是各种几何图纹的出现，成为陶器纹饰成熟的标志。这些都说明，人们已不仅注意器具的实用价值，而且还注意了它们的审美价值，把实用价值和审美价值紧密地结合在一起。

1. 直接反映自然形象的图形

这类图形主要包括鱼纹、鸟兽纹、花果纹等。它们大都和当时人们的经济生活有着密切联系，是人们在劳动中经常接触和喜爱的对象。彩绘鲵鱼纹瓶（见图 1-5）是仰韶文化庙底沟彩陶代表作品，其腹部一面饰有形象化的鲵（即娃娃鱼）纹图案，该图案构图呈三角形，稚拙生动，令人称许。

图 1-5　彩绘鲵鱼纹瓶

2. 抽象的图形

这些图形大都是人们从自然和生活形象中提炼、概括出来的。例如，附有黑三角的长菱形就表示一条鱼。人面鱼纹彩陶盆（见图 1-6）是仰韶文化半坡彩陶代表作品。这类碗上有些几何图形就是从鱼形图案演化而来的。

3. 几何印纹

人类在制陶之前已学会了编织，后来人们便把编织物的纹样拍印到陶器上。这些纹样开始比较粗糙，后来逐渐规整化、图案化。常见的几何印纹有水浪纹、米字纹、回纹、云雷纹等。这些几何纹连续反复，形成一种规则的图案美。西周几何印纹陶器（见图 1-7）上腰有对称条纹横条，器腹有云雷纹和回纹相间的纹饰。

图 1-6　人面鱼纹彩陶盆

图 1-7　西周几何印纹陶器

• 思考与交流

1. 从实用价值和审美价值两个方面说说这几件器物在造型上的特点。

2. 鱼等写实的形象逐渐变为抽象化、符号化的纹样，成为“有意味的形式”（英国美学家克莱夫·贝尔语）。美学家们为什么称之为“有意味的形式”？这些纹样的出现和普遍应用，反映了原始先民的审美创造能力有着怎样的提高？反映了美在发展过程中呈现的什么规律？

• **品美沙龙**

原始陶器的产生虽然离我们很久远，但其造型、纹样、色彩对当代工艺设计仍然产生影响。欣赏图1-8、图1-9，感受原始艺术元素在当代工艺设计中的应用。

图1-8 马家窑回纹陶罐

图1-9 抱枕上的回纹图案

三、美逐步走进人类的精神生活

随着人类社会实践的不断发展，人类的审美意识日益增强，追求美、表现美逐渐成为人类精神生活的重要内容，原始艺术因之产生。原始艺术根植于原始人的社会实践，是原始人的社会生活和意识活动的反映。原始乐舞、原始绘画是原始艺术的两种主要类型。

1. 原始乐舞

原始乐舞主要表现狩猎、战争、庆功等场面，它能让原始人再度体验劳动胜利的喜悦。我国青海大通县上孙家寨出土的舞蹈纹彩陶盆（见图1-10），是新石器时代原始歌舞的生动写照。其内壁饰有3组舞蹈图。每组均为5人，舞者手拉着手，步调一致，踩着节拍，翩翩起舞。古代文献中也保存了不少有关原始乐舞的史料，如《尚书》中的“击石拊石，百兽率舞”，就描写了原始人戴着兽类的面具，模仿兽类的动作，随着敲击石器的声音跳舞的情景。

图 1-10　舞蹈纹彩陶盆

2. 原始绘画

原始绘画也多是记载和描绘劳动对象、劳动工具和劳动场面的。如内蒙古自治区的阴山岩画（见图 1-11），刻画了狩猎、舞蹈、部落战争及天文图像等，反映了古代狩猎民族的社会生活。又如江苏省连云港将军崖南口，有一块弧形巨石，上面刻有 10 幅人像与植物相连的岩画（见图 1-12），表达了新石器时代中晚期人们在生活、生产等方面的美好愿望。

图 1-11　阴山岩画

图 1-12　连云港将军崖岩画

思考与交流

1. 你觉得图 1-10 中的舞者是在庆祝什么活动？图 1-11 反映了先民怎样的愿望？

2. 俄国美学家普列汉诺夫说，原始狩猎民族“虽然住在花卉很为丰富的土地上，却绝不用花来装饰自己。……都只从动物界选取自己的装饰的主题”。想一想，这里头包含了怎样的道理。

需要指出的是，原始人的审美意识除了反映他们的生产劳动之外，也包含了某种原始图腾崇拜和巫术礼仪观念。这些都是人类早期审美意识的特点。

• 知识链接

图腾崇拜

图腾崇拜是原始宗教的最初形式之一。“图腾”是指一个氏族的标记或图徽。处于氏族社会的原始人相信本氏族起源于某一动物、植物或其他特定物类，并认为这种物类是其氏族的象征和保护者，因而对其持禁杀、禁食或禁止触摸等谨慎和敬畏态度，对其加以特殊的爱护并举行各种崇拜活动。这类现象即被称为图腾崇拜。原始人还常用绘画或雕刻等作为其氏族图腾的形象及标志，将之置于房屋、柱子、旗帜等器物之上，如立于村头或家宅前的图腾柱；有的图腾亦被作为文身的图像或起着其他装饰作用，如绘于某种木片和石片上，或安装在帽子及盾牌上等。这些作为氏族标记和徽章的图腾形象均被认为具有某种灵性或神秘力量，能够保护本氏族的生存延续和发展壮大。

综上所述，美起源于人类的各种社会实践活动。人类在社会实践中创造了美，在创造美的过程中又逐步提高和发展自己的审美意识和审美需要。人类在这种审美能力的基础上，又创造出更新、更美的事物。如此循环，人类社会的美不断由低级向高级发展，美的领域也日益扩大。

• 课后活动

1. 参观当地历史博物馆，或上网查阅资料，了解本地原始文化的起源，体会美产生于人类生产劳动和社会实践的道理。

2. 原始艺术对当代艺术仍有影响，请寻找两三件有着原始艺术特征的当代工艺品一起欣赏。

第二课　美的本质和特征

- 美是一种自然现象，还是一种社会现象?
- 人与动物在本质上有什么区别? 美的本质与人类的本质有着怎样的关系?
- 美的事物有哪些共性?

美产生于人类的社会实践，随着社会实践的发展而发展，美在本质上与人类的社会实践密不可分。

一、美是一种社会现象

美是一种自然现象，还是一种社会现象？班级就此展开讨论，大家的观点不一致，于是小美同学连线美学家，向他请教。

小美同学：我觉得美是一种自然现象，您看，阳光灿烂夺目，月光清澈明丽，山岳连绵巍峨，江河浩浩荡荡……

美学家：是的，在我们今天看来，这些景物是美的。但在人类社会出现之前，这些景物的“美”有价值吗？

小美同学：这些景物本身就具有美的特性啊，比如，花朵不仅形态美、颜色美，还能散发出幽雅的清香。

美学家：那花朵能意识到自身的美吗？在人类社会出现之前，它们有欣赏者吗？

小美同学：这个……没有。

美学家：自然本身都是自在之物，不能自觉为美。尽管它们作为物质的属性已经存在，但因为没有欣赏者存在，所以“寂寞开无主”。因此，不能用今天人类对自然的审美感受去推论在人类出现以前自然界中就存在着“美”。满山的鲜花青草，在牛羊眼里都是饲料。

小美同学：有些动物具有审美意识和审美能力。

美学家：请举几个例子。

小美同学：春天的鸟儿，有的展示鲜丽的羽毛，有的展示矫健的身姿，有的展示婉转的歌喉，它们彼此吸引，欢乐打逗，不就表明它们也能欣赏美吗？

美学家：动物这些所谓的审美现象，其实是一种基于本能的展示自身的求偶行为。再说，你见过有什么动物能欣赏西山的余晖、幽蓝的夜空，能欣赏悦耳的音乐、曼妙的舞姿？

小美同学：哦，怪不得有“对牛弹琴”这个成语。那么，人类的审美活动与它们有哪些不同呢？

美学家：人类的审美活动既不是单纯的求偶行为，又有着十分广阔的范围与对象。人类不仅能够发现美、欣赏美，而且能够追求美、创造美。创造美、欣赏美，是人类所独有的一种社会性的实践活动。所以说，美是一种社会现象，不能离开人类社会而存在。

• 思考与交流

1. 法国思想家伏尔泰说："如果你问一个雄癞蛤蟆美是什么，它会回答说，美就是它的雌癞蛤蟆，两只大圆眼睛从小脑袋里突出来，颈项宽大而平滑，黄肚皮，褐色脊背。"想一想，这段话包含了什么道理。

2. 恩格斯曾经说过："没有一只猿手曾经制造过一把哪怕是最粗笨的石刀。"请结合人类的社会实践和审美活动，谈谈你对这句话的理解。

二、美是人类本质力量的感性显现

1. 美体现了人类自由创造的本质力量

恩格斯的论述告诉我们，创造性是人类所独有的一种属性。人和动物的本质区别在于，动物的活动只是对自然的消极适应，而人的活动是一种有意识、有目的的社会实践活动，是在掌握客观规律基础上的自由创造。人在这种活动中"不仅使自然物发生形式变化"，"还在自然物中实现自己的目的"（马克思语）。这一目的通过具体可感的形象得以实现，不仅给人们带来了物质上的满足，也带来了精神上的享受。人们之所以能够从这些形象中得到一种审美愉悦，是因为它们展示了人类的智慧、仁爱、勇敢，表现了人类的理想和愿望。从这个意义上来说，美体现了人类自由创造的本质力量，美的价值就是人类自由创造的价值。

• 思考与交流

1. 原始社会的人们把野兽皮、鸟类的羽毛、动物的牙齿和角爪等作为装饰品，认为它们是美的象征，这意味着什么？

2. 蜿蜒雄伟的万里长城、玲珑幽雅的苏州园林、绚丽多彩的敦煌艺术以及那些精美的手工艺品，为什么能够受到人们的赞美和欣赏？

2. 美的社会生活形象体现了人的本质力量

美不仅存在于改造自然的物质生产领域，也存在于社会生活领域。人类一方面要认识和改造自然，创造丰富的物质文明；另一方面还要不断地认识和改造社会以及人类自身，营造安定和谐的理想社会。为获得美好的社会生活，人类不仅需要智慧和勇气，还要有伦理、道义，以及美好的生活理想等。这些优秀的行为、品质及思想感情，也同样体现了人的本质力量。因此，凡是体现人类进步的理想和愿望、符合历史发展趋势的社会生活形象，凡是能显示人的自由自觉的创造本性、能体现人生价值的社会生活形象，凡是为人类提供人生意义、人生哲理、人生经验，并能激发人的情感的社会生活形象，都是美的形象。

• 思考与交流

荀子说："人之所以为人者，非特以其二足而无毛也，以其有辨（明辨社会伦理关系）也。"（《荀子·非相》）他还说："水火有气而无生，草木有生而无知，禽兽有知而无义，人有气、有生、有知，亦且有义，故最为天下贵也。"（《荀子·王制》）这两段文字中，哪些地方指出了人类的本质？你是如何理解的？

3. "人化"的自然体现了人的本质力量

由人类创造而产生的美的事物，以及人类在社会实践中所表现的美的品行，它们与人的本质力量的关系比较容易理解。但有些自然事物，如森林、雪峰、星辰、大海等天然景观，它们未经人类改造，人类甚至无法改造，为什么也是美的呢？

这里有一个大的前提和背景，那就是经过漫长的改造自然的社会实践，人类同自然界的总体关系发生了根本变化。人类依靠自己的奋斗，使得原来令人恐惧、充满神秘感的大自然日渐成为可亲可近的对象。这样，那些没有经过人类实际改造的自然事物也有了"人化"的印记，间接地反映了人的自由创造的本质力量，也能够使人从中直观自身，获得美感。

（1）自然物作为可亲的生存环境而具有"人化"的意义和审美价值。例如蓝天白云（见图 2-1）、阳光雨露，尽管人类无法对它们进行改造，但它们为人类所必需，在人类的意识中，它们可以为人类的生产生活服务。当它们以令人愉悦的感性形式呈现出来时，人类能够从中感受到改造自然的力量，从而获得足够的美感。

图 2-1　蓝天白云

（2）自然物打上了人类实践活动的烙印，从而使人类获得审美愉悦。例如，过去常常造成水患的黄河（见图 2-2），经过治理，变得温顺，并逐步形成稳定而成熟的生态系统，为我们的生产生活造福。我们能够从黄河的温顺中看到人的智慧、勇气与力量。其他如水库、防护林、街心公园等“人化”自然物，也都能使人获得一种审美愉悦。

（3）自然物能够引发人们的联想，成为人类生活的象征，从而显示审美意义。例如，茂盛的植物显示着蓬勃的生机，能激发人的生活热情；奔流的河川，显示着奋进、拼搏

图 2-2　黄河

与生生不息的活力；太阳象征着光明、温暖与希望；梅、兰、竹、菊（见图 2-3）象征着君子的人格；喜鹊象征着吉祥喜庆；天鹅象征着纯洁；白鸽象征着和平；等等。

图 2-3　梅、兰、竹、菊

三、美的特征

美的事物和现象存在于人类生活的方方面面，美的形态千差万别，美的种类异彩纷呈。但在美的世界里，我们可以发现许多共性，这便是美的基本特征。

1. 形象性

所谓形象性，是指美的事物是具体、生动的，可以通过感官被人感受到。俄国美学家车尔尼雪夫斯基说过：“形象在美的领域中占着统治地位”“美是在个别的、活生生的事物，而不在抽象的思想”。我们欣赏自然景物的时候，总是从其形状、色彩和声音等具体形象中获得美的享受。社会生活中的场景，如儿童欢乐地嬉戏、游人悠闲地散步等，从不同角度反映了生活的美。艺术作品中，《诗经》中的淑女形象，齐白石笔下那些栩栩如生的鱼虫鸟兽，贝多芬的著名交响乐等，无不给人美的享受。

- **思考与交流**

以下列情形为例，描述你所感受到的形象。

情形	描述
让你印象深刻的某一处美景	
曾经让你感动的某一个生活画面	
图 2-3 中竹的形象	

2. 感染性

所谓感染性，是指美的事物所具有的吸引人、激励人、愉悦人的特性，能够引起人的感情波动、思绪变迁。茅盾说："我们都有过这样的经验，看到某些自然物或人造的艺术品，我们往往要发生一种情绪上的激动，也许是愉快兴奋，也许是悲哀激昂，不管是前者，还是后者，总之我们是被感动了。"美的事物一般影响人的情感，使人在精神上得到很大的愉悦与满足。《论语》里记载，孔子在齐国听了《韶乐》之后，竟"三月不知肉味"，并赞叹说："不图为乐之至于斯也!"这种愉悦与满足，正是音乐作用于人的结果。理性的科学美，不仅会使科学家获得一种发现的快感，也会使人们获得一种对美的深层的领悟。

• 思考与交流

以下列情形为例，描述你所获得的审美愉悦。

情形	描述
走进流水潺潺、鸟语花香的山谷	
看到五星红旗在国歌声中冉冉升起，奥运健儿手举金牌热泪盈眶的电视画面	
聆听约翰·施特劳斯的管弦乐曲《蓝色多瑙河》	

3. 社会性

美是一种社会现象。它是在人类社会实践中产生和发展起来的，只有随着人类实践活动的发展以及人的本质力量的丰富性在对象世界中的不断展开，美才不断地丰富发展起来。美虽然可以离开某个或某些具体的欣赏者的感受而独立存在，但绝对不能离开社会实践的主体——人，不能离开人类社会。人是社会生活的主体，社会生活的美以人为核心。艺术美由人创造，所表现的也是人的生活、人的情感。即使是自然事物的美，也蕴含着人类的创造性，这是因为自然事物的美需要由人来发现、欣赏。自然事物的美，不仅仅在于它的自然属性，更在于它的自然属性同人类生活的实际联系，而且自然事物的美离不开人的欣赏，离不开人欣赏中的创造性发挥，如想象、移情等。

● **知识链接**

文学创作中的移情

移情是把审美情感渗入审美对象中，形成以人度物、寄情于景、把审美对象人格化的一种心理现象。移情这种心理现象在对自然美的欣赏中最为突出和普遍。如“举杯邀明月，对影成三人”（李白），“感时花溅泪，恨别鸟惊心”（杜甫），“东风不为吹愁去，春日偏能惹恨长”（贾至），“我见青山多妩媚，料青山见我应如是”（辛弃疾）等，都是移情现象的生动写照。

4. 功利性

美的功利性是指美拥有对人类有益、有用的特性。鲁迅曾说：“倘不伏着功利，那事物也就不见得美了。”功利性是形成美的重要因素。在人类社会早期，人们更多的是考虑实用，美只是一种副产品。如丁村人把石器打磨得对称、规整，不是为了外观的好看，而是一种基于实用目的的创造。随着社会实践的发展，人们才逐渐在实用的基础上追求美，并开始按照美的规律来塑造物体，使美逐渐从实用功利中独立出来，成为满足人们精神需要（即审美需要）的一种形态。在现代社会，人们越来越追求美，购置商品时不但考虑其实用功能，而且讲究质地美、式样美、色彩美等，做这些主要是为了获得精神上的愉悦与满足，这种精神上的愉悦与满足，本质上也是美的功利性的表现。

● 思考与交流

联系社会生活，举出两三个例子说明审美已成为人们的精神需要。

● 课后活动

1. 德国美学家黑格尔在《美学》第一卷中说："一个小男孩把石头抛在河水里，以惊奇的神色去看水中所现的圆圈，觉得这是一个作品，在这作品中他看到他自己活动的结果。"试从美与人类的本质力量关系的角度，讨论这个男孩为什么"惊奇"。

2. 参观本地的某个地标性建筑，描述你的审美感受，说说人在美的创造与表现中所起的作用。

第三课　美的类型

- 初发芙蓉与错彩镂金，哪个更有趣味？
- 杏花春雨江南与白马秋风塞上，哪个更让你钟情？
- 英雄史诗与平民小品，哪个更能触动你的灵魂？

美的事物按人的审美感受来分，有着各种类型。我国传统美学关于美的类型的概念主要有素朴与华丽、阳刚与阴柔等，西方美学关于美的类型的概念主要有优美与壮美、崇高与滑稽等。

一、初发芙蓉与错彩镂金

1. 素朴与华丽的概念及表现

南朝文学评论家钟嵘在《诗品》里说："谢诗如芙蓉出水，颜如错采[①]镂金。"意思是，谢灵运的诗如刚出水的荷花般清丽，颜延之的诗雕绘修饰，辞藻绚烂。我国传统美学常用"初发芙蓉"与"错彩镂金"两个词语形象地概括素朴与华丽两种不同类型的美。

图 3-1　清代瓷器

所谓素朴，就是指事物未经任何斧凿修饰的原生态式的美。所谓华丽，则是一种色彩鲜明强烈、夸饰铺张的美。素朴和华丽在艺术中有着充分而典型的表现。美学家宗白华在《中国美学史中重要问题的初步探索》中说："楚国的图案、楚辞、汉赋、六朝骈文、颜延之诗、明清的瓷器，一直存在到今天的刺绣和京剧的舞台服装，这是一种美，'镂金错采[②]、雕缋满眼'的美。汉代的铜器陶器、王羲之的书法、顾恺之的画、陶潜的诗、宋代的白瓷，这又是一种美，'初发芙蓉，自然可爱'的美。"

• 思考与交流

素朴和华丽这两种不同类型的美，在自然界和社会生活中广泛存在。试根据给出的情形，用简洁的词语描绘出对应的美。

领域	素朴的美	华丽的美
自然界	芳草萋萋	
		百鸟朝凤
	云淡风轻	

① 采，同"彩"。
② 采，亦同"彩"。

续表

领域	素朴的美	华丽的美
社会生活	粉墙黛瓦的庭院	
		满汉全席
	（　　　　）的日常穿着	珠翠罗绮、雍容华贵的宴会盛装
	陈设简约、明净雅致的图书馆	（　　　　）的商业街

2. 素朴与华丽的审美意义

素朴，即质朴，是一种本色之美、自然平淡之美。但是，素朴并不等同于淡而无味、寒碜平庸；它恰恰是以质取胜，内涵丰厚，给人以自然、本真的感受。比如陶渊明的诗，没有华丽的辞藻，绘情绘景朴实自然，貌似浅显平淡，实则醇厚有味，苏轼称之“质而实绮，癯而实腴”。

素朴作为一种艺术追求，是指审美形象无雕琢之痕，无夸饰之意，如出天然，近乎本色，有一种返璞归真的美。这是一种极高境界的美，是经过提炼打磨，去除了芜杂、粗糙而显出的纯净的本色的美。

素朴作为一种人格品性，是指淡泊沉静，亲和实在，不矫情，不虚饰。它启示我们在生活中消除心浮气躁之病，淡化追名逐利之心，求真求实，平淡地展示自己生命应有的价值。

• 品美沙龙

阅读茨威格《世间最美的坟墓》（节选），体会托尔斯泰墓的朴素美及其所折射的托尔斯泰的人格美。

后来就这样办了，完全按照托尔斯泰的愿望。他的坟墓成了世间最美的、给人印象最深刻的、最感人的坟墓。它只是树林中的一个小小长方形土丘，上面开满鲜花，没有十字架，没有墓碑，没有墓志铭，连托尔斯泰这个名字也没有。这个比谁都感到被自己声名所累的伟人，就像偶尔被发现的流浪汉、不为人知的士兵一般不留名姓地被人埋葬了。谁都可以踏进他最后的安息地，围在四周的稀疏的木栅栏是不关闭的——保护列夫·托尔斯泰得以安息的没有任何别的东西，唯有人们的敬意；而通常，人们总是怀着好奇，去破坏伟人墓地的宁静。这里，逼人的朴素禁锢住任何一种观赏的闲情，并且不容许大声说话。夏天，风儿在俯临这座无名者之墓的树木之间飒飒响着，和暖的阳光在坟头嬉戏；冬天，白雪温柔地覆盖这片幽暗的土地。无论你在夏天或冬天经过这儿，你都想象不到，这个小小的、隆起的长方形包容着当代最伟大人物当中的一个。然而，恰恰是不留姓名，比所有挖空心思置办的大理石和奢华装饰更扣人心弦：在今天这个特殊的日子，成百上千到他的安息地来的人中间没有一个有勇气，哪怕仅仅从这幽暗的土丘上摘下一朵花留作纪念。人们重新感到，这个世界上再也没有比这最后留下的、纪念碑式的朴素更打动人心的了。老残军人退休院大理石穹隆底下拿破仑的墓穴，魏玛公侯之墓中歌德的灵寝，西敏司寺里莎士比亚的石棺，看上去都不像树林中的这个只有风儿低吟，甚至全无人语声，庄严肃穆，感人至深的无名墓冢那样能剧烈震撼每一个人内心深藏着的感情。

（张厚仁译）

素朴作为一种生活作风，是指生活中不华丽、不浓艳、不奢侈，生活简约、作风朴实。就我们青年学生来说，要做到：穿着朴素、大方，不奇异怪诞；饮食节俭，不奢侈、不浪费，不与他人攀比；学习用品、生活用品不追求高档和时髦，养成勤俭的习惯和作风；等等。

• 思考与交流

《人民日报》曾接连刊文推送《极简主义生活方式》（有删改）的博文。读一读，谈谈你对极简主义生活方式的理解和认识。

1. 欲望极简

了解自己的真实欲望，不受外在潮流的影响，不盲从，不跟风。

把自己的精力全部放在正确的、有效的欲望上，比如健康养生、照顾家庭、关心朋友、追求美食等。

2. 精神极简

了解、选择、专注于1~3项自己真正想从事的精神活动，比如画画、练书法等。然后，充分学习，提高技能，不盲目浪费自己的时间与精力。

3. 物质极简

将家中超过一年不用的物品丢弃、送人、出售或捐赠，比如看过的杂志、书，不再穿的衣服，早先收到的各种礼物或装饰品。

明确自己的欲望和需求，不买不需要的物品。确有必要的物品，买较好的，充分使用它。

不囤东西。

4. 信息极简

精简信息输入源头，减少使用社交网络、即时通信。少看微博、朋友圈。

定期远离互联网、远离手机，避免信息骚扰。

5. 表达极简

写东西、说话，尽可能简单、直接、清楚。

特别是一些人容易唠叨、啰唆，这时候更要减少自己的表达，不说废话，不该管的事不要管。

6. 生活极简

慢生活。

不做无效社交。

锻炼。

穿着简洁、不花哨，但一定要干净、舒适。

少吃含有添加剂的食品。

喝白水和纯果汁，不喝添加了大量化学成分的碳酸饮料和果汁。

如果说素朴美在自然平淡，华丽则美在雕绘装饰，是一种铺锦列绣、纤秾华贵的美。但是，华丽并不只是外在形式的浓丽强烈，而是内涵丰盈与外在绚烂的完美融合，是精神气韵灌注于内而以华丽之形传达于外的风貌格调。如果徒具华丽之形而无内在气度，只能是华而不实，是艳俗。

• 知识链接

牡丹——繁荣富贵的象征

牡丹（见图3-2）姹紫嫣红，雍容典雅，被誉为“花中之王”。千百年来，我国人民一直把她作为幸福、繁荣、富贵的象征。上至帝王贵族，下至平民百姓，无不喜欢牡丹。他们不仅爱花、赏花、宴花、拜花，而且种花、插花、写花、画花，与之结下了不解之缘。唐代刘禹锡有诗《赏牡丹》：“庭前芍药妖无格，池上芙蕖净少情。唯有牡丹真国色，花开时节动京城。”便是古人酷爱牡丹的真实写照。当代人依然酷爱牡丹，一年一度的中国洛阳牡丹文化节，吸引成千上万的游客纷至沓来。牡丹已成为中华民族繁荣昌盛的象征。

图3-2 牡丹

华丽作为一种艺术风格，是指审美形象在光、色、形、声等外观形式上给人以强烈的美感，使人目眩神迷于其富丽堂皇之中。如浓烈鲜明的颜色、绵邈流丽的乐音、富丽典雅的装饰、瑰丽壮阔的铺叙等，都可造成强烈的外在形式张力，引起欣赏者的情绪激荡，从而产生独特的美感效应。

华丽是可以让人从绚烂外观感受到高贵内蕴的美感，是一种高贵感、荣耀感，一种尊严感和自重感。作为一种人生境界，它反映了人对自己生存价值的带有理想色彩的灿烂的展示。它启示我们积极进取，创造幸福、辉煌的人生。

• 思考与交流

奥运会的开幕式（见图 3-3）、国庆节的礼花、春节联欢晚会的舞台、结婚庆典的现场等，往往都呈现出华丽的风采。联系生活，说说这样做的审美意义。

图 3-3 奥运会开幕式

二、杏花春雨江南与白马秋风塞上

1. 优美与壮美的概念与表现

徐悲鸿曾自题一副对联赠友人：白马秋风塞上，杏花春雨江南。后来，人们常用这两联分别概括优美与壮美的境界。优美是一种柔和、安静、秀雅的美，能给人以轻松、愉快和心旷神怡的审美感受；壮美则是一种刚劲、雄壮、激扬的美，能引发人的豪情，给人以无限的力量感。

自然界中的优美，侧重于形式上的和谐。这种和谐，主要通过自然界自身的状态、声响、色彩等可感因素表现出来，如小桥流水、鸟语花香等，无不给人以心旷神怡的感受。自然界中的壮美，主要表现为体积上的巨大和力量的无限，引起人们内心的震撼，从而提升人们的精神境界。前者如巍巍高山、浩渺星空等，后者如飞沙走石、震天雷霆等。

● **思考与交流**

根据优美与壮美的不同特征，写出相对应的景物。

优美的自然景物	壮美的自然景物
	旭日东升
青青河边草	
	狂风疾雨
潺潺小溪	

社会生活中的优美，侧重于内容的和谐，是真、善、美的和谐统一而产生出来的浑然合一、交融无间的一种境界。例如，儿童的欢笑、温馨的家庭生活（见图 3-4）、和睦的人际关系、安定的社会环境等，都是优美在社会生活中的表现。社会生活中的壮美，则更多地表现在人们改造自然和社会的实践过程中。在生产劳动领域，钢花飞溅、铁水奔流的情景，兴建水坝、截流合龙的壮景，火箭升空、直入九霄的画面（见图 3-5）等，都会使人感到振奋，受到鼓舞。在革命斗争领域，三元里人民的抗英斗争，声势浩大的五四运动，横扫千军的三大战役等，都有着撼人心魄的力量。

图 3-4　温馨的家庭生活

图 3-5　火箭升空

优美与壮美在艺术中有着广泛的表现。它们都是内容与形式的统一，前者是描写对象秀美的形象和艺术家温文尔雅的感情的融合，后者是现实景物的雄伟、庄重、刚劲与艺术家激荡、高昂、奋发的感情的统一。优美以温柔、平和、纯净、细腻为特征，而壮美则以刚劲、果敢、勇猛、粗犷为特征。我国传统美学所讲的阴柔美与阳刚美，与优美与壮美有着某些类似的特征。

● 品美沙龙

郑振铎《海燕》和高尔基《海燕》的语言和形象，鲜明地体现了优美与壮美的不同特征。朗读下面两段文字，品味其不同的意境。

当春间二三月，那些小燕子，那么伶俐可爱的小燕子，便也由南方飞来，为春光平添了许多的生趣。小燕子带了它的双剪似的尾，在微风细雨中，或在阳光满地时，斜飞于旷亮无比的天空之上，唧的一声，已由这里稻田上，飞到了那边的高柳之下了。再几只却隽逸地在粼粼如縠纹的湖面横掠着，小燕子的剪尾或翼尖，偶沾了水面一下，那小圆晕便一圈一圈地荡漾开去。那边还有飞倦了的几对，闲散的憩息于纤细的电线上——嫩蓝的春天，几支木杆，几痕细线连于杆与杆间，线上停着几个粗而有致的小黑点，那便是燕子。那是多么有趣的一幅图画呀！

（节选自郑振铎《海燕》，略有删改）

在苍茫的大海上，狂风卷集着乌云。在乌云和大海之间，海燕像黑色的闪电，在高傲地飞翔。

一会儿翅膀碰着波浪，一会儿箭一般地直冲向乌云，它叫喊着——就在这鸟儿勇敢的叫喊声里，乌云听出了欢乐。

…………

海燕叫喊着，飞翔着，像黑色的闪电，箭一般地穿过乌云，翅膀掠起波浪的飞沫。

看吧，它飞舞着，像个精灵——高傲的、黑色的暴风雨的精灵——它在大笑，它又在号叫——它笑那些乌云，它因为欢乐而号叫！

这个敏感的精灵，它从雷声的震怒里，早就听出了困乏，它深信，乌云遮不住太阳，是的，遮不住的！

狂风吼叫……雷声轰响……

一堆堆乌云，像青色的火焰，在无底的大海上燃烧。大海抓住闪电的箭光，把它们熄灭在自己的深渊里。这些闪电的影子，活像一条条火蛇，在大海里蜿蜒游动，一晃就消失了。

暴风雨！暴风雨就要来啦！

这是勇敢的海燕，在怒吼的大海上，在闪电中间，高傲地飞翔；这是胜利的预言家在叫喊：

“让暴风雨来得更猛烈些吧！”

（节选自高尔基《海燕》，略有删改）

图 3-6　海燕

思考与交流

根据优美与壮美的不同特征，写出相对应的作品。

文艺类别	体现优美风格的作品	体现壮美风格的作品
文学（诗）	王维《鸟鸣涧》	
文学（词）		苏轼《念奴娇·赤壁怀古》
书法	赵孟頫的行书	
音乐		冼星海《黄河大合唱》
绘画	达·芬奇《蒙娜丽莎》	
雕塑		米隆《掷铁饼者》
建筑	杭州西湖的湖心亭	

2. 优美与壮美的审美意义

优美与壮美有着不同的特点，但二者又不是各自孤立或对立的，而是兼容互补的。如自然界中的巍巍高山、莽莽林海给人以雄奇的感受，而深林幽涧、林中野花则传达出秀丽的意味。两种景色自然互补，汇合成大自然的壮伟秀丽，既令人荡气回肠，又令人赏心悦目。

优美和壮美对人的熏陶也是互补共济的，优美感和壮美感的培养对于人生同样重要。优美是一种和谐，培养优美感的目的在于使人们把握和谐，从中得到怡情悦性之乐，并启示人们去创造和谐，处理好人与自然、人与社会、人与人乃至人与自我的良好关系，营造安居乐业、融洽无间的社会环境。壮美是境界的阔大、精神的高尚、行动的坚决，培养壮美感的目的在于使人们把握壮美，从中得到精神激励与心灵震撼并形成自己的追求，于奋发进取中创造人生辉煌。

知识链接

心有猛虎，细嗅蔷薇

“In me the tiger sniffs the rose.”是英国诗人西格里夫·萨松《于我，过去，现在以及未来》中的经典诗句。诗人余光中将其翻译为：我心里有猛虎在细嗅蔷薇。意思是，老虎也会有细嗅蔷薇的时候，忙碌而远大的雄心也会被温柔和美丽所折服，安然感受美好与泰然。

人性是有两面的，人既应有猛虎般永不言弃的精神，又要有细嗅蔷薇般的清淡灵动和安然静默。前者气质近于阳刚，后者气质近于阴柔，二者应该和谐统一起来。如果缺少了猛虎的勇猛，不免因怯弱而失了气魄；如果缺少了细嗅蔷薇的柔情，不免因莽拙而流于庸俗。鲁迅有句诗“无情未必真豪杰，怜子如何不丈夫”，也说明了这样的道理。完整的人生应该兼有这两种境界，在动静之中，在起伏之间，在风平浪静与波澜壮阔里，心中那只猛虎，在细嗅着蔷薇。

三、英雄史诗与平民小品

崇高与滑稽是西方美学中两个非常重要的概念。与别的审美概念相比，它们有着鲜明的道德意味。崇高感、滑稽感的培养对于提升人们的精神境界，增强道德意识有着重要的意义。

1. 崇高的内涵及表现

在人类改造自然、社会及自身的实践活动中，表现出人类伟大的道德情操和智慧力量，展示出人类独特的坚强性格和奋斗意志的人、事、物，都具有崇高的意味。

自然界中的崇高，表现为事物在数量上的巨大和力量上的无穷，往往超出人们感官所能感受的程度。前者如浩瀚无涯的大海、屹然耸峙的雪峰、广袤深邃的星河等，后者如席卷千里的飓风、喷涌横流的火山等。面对这些景物，当我们心底产生惊惧、敬畏的时候，它们便具有了崇高感。

• 知识链接

壮美与崇高的区别

从形态上来看，壮美与崇高存在着某些相似之处，但二者却属于不同的范畴。壮美与优美对举，侧重指一种境界，它所展现的壮阔、刚性、动态，能使人们感到惊叹或震撼，其审美体验是偏感性的。崇高与滑稽对举，比之于壮美，崇高更富于道德判断和价值取向，其审美体验是偏理性的。

社会生活中的崇高，表现为追求真理，维护正义，为社会进步和人类幸福而坚强斗争的精神力量。

品美沙龙

崇高与悲剧在审美价值上有着内在的联系。鲁迅说："悲剧就是将人生的有价值的东西毁灭给人看。"悲剧具有震撼力量，能使人产生崇高感、敬畏感。古今中外，无数殉道者、殉国者身上都闪烁着崇高的光芒。阅读下面的材料，感受抗日女英雄成本华人格的崇高。

成本华，安徽省和县人。1938 年初，日本侵略者侵入安徽省和县，遭到和县人民的武装抵抗，成本华指挥战斗，被日本兵俘获。几天之后，日本兵将她捆绑着带到县城大西门外的刑场，让她观看他们枪杀被抓到的中国人。成本华冷冷地看着日本兵的兽行，强烈的蔑视写在她的脸上。当时，刽子手们实在太累了，就找来几个板凳，靠在大西门城根的碉堡旁休息。惨淡的阳光照着地上血淋淋的尸体，阴森恐怖。这时，日本兵解开成本华身上的绳索，成本华知道要杀她了，但她毫不畏惧地轻轻活动一下麻木的双臂，理了理凌乱的头发，然后面朝太阳，双手交叉抱在胸前，轻蔑地微笑着，从容面对死亡。成本华牺牲时年仅 24 岁。

成本华在虎狼之敌面前，无所畏惧，镇定自若，甚至露出蔑视的微笑。她的微笑足以让日军胆寒，她的勇敢、刚强、豪爽令人震撼，她的崇高气节让每一个中国人铭记！

思考与交流

根据下表给出的情形，举出两三个代表人物。

崇高的表现	代表人物
鞠躬尽瘁，死而后已	
舍生取义，杀身成仁	
清正廉明，为民请命	
不畏艰难，献身科学	

艺术作品中的崇高是现实生活中崇高的反映。例如，蜿蜒万里的长城、巍然挺立的金字塔、恢宏庄严的雅典帕特农神庙，会把我们的思绪引向对历史的深沉追忆，进而生起敬畏之情；贝多芬的《第五交响曲》和柴可夫斯基的《第六交响曲（悲怆）》，其情感流荡会使我们超越个体局限，把思绪引向对人类命运的深刻思考；夸父逐日、大禹治水、精卫填海、愚公移山的传说，哈姆雷特高尚而痛苦的灵魂，江竹筠、陈然、杨子荣、保尔·柯察金等充满革命热情和献身精神的英雄形象，都会激发我们的敬仰之情或深沉思索。

• 思考与交流

阅读精卫填海（见图3-7）的故事，说说它表现了怎样的精神，你读后产生了哪些审美感受。

又北二百里，曰发鸠之山，其上多柘木。有鸟焉，其状如乌，文首、白喙、赤足，名曰“精卫”，其鸣自詨。是炎帝之少女，名曰女娃。女娃游于东海，溺而不返，故为精卫，常衔西山之木石，以堙于东海。

（节选自《山海经·北山经》）

图3-7 精卫填海

2. 滑稽的内涵及类型

滑稽是与崇高相对的一种审美类型。崇高的对象以其巨大、无限的形态特征，唤起人们的敬畏之情；而滑稽的对象则因其卑微、渺小，让人觉得荒唐可笑。车尔尼雪夫斯基认为，“丑是滑稽的根源和本质”，当丑“不安其位”，“强把自己装扮成美的时候”，就变成了滑稽。比如，有些人胸无点墨偏要附庸风雅，内里空虚偏要装腔作势，行为荒唐却装一本正经，本身愚蠢却自觉高明等。艺术作品（如漫画、笑话、相声、小品等）中的滑稽，是对现实生活中的丑的嘲讽，往往具有深刻的社会内容。滑稽可分为肯定性滑稽和否定性滑稽两种类型。

肯定性滑稽是指有价值有意义的积极内容采取了某种丑的或不相称的外观，如机械的、愚蠢的、某些类似旧事物的表现形式。在这种类型的滑稽中，惹人发笑的是人物的言谈举止等非本质的外在形式，但在其外在形式被取笑、被否定的同时，其内容即滑稽者的思想及追求却得到了充分的张扬和肯定，轻松的形式里往往包含着沉重的内容。

• 思考与交流

根据你观看的电影或阅读的故事，说说你对阿凡提或济公人物形象的理解。

否定性滑稽是指现实中已被社会实践否定，或偏离正常历史轨道失去存在根据的事物，却偏要以庄重堂皇的形式出现，从而自露其丑，自我否定。艺术作品中的滑稽形象，比较典型的有《三国演义》中的蒋干、鲁迅笔下的阿 Q、电影《大独裁者》中的亨克尔等。这种类型的滑稽中，人物在言辞表达或情态动作方面可能十分严肃、庄重，一丝不苟，然而在本质上，或者在其目的、追求上却有着不容怀疑的卑微、渺小、空虚，表现出“言过其实”或“表里不一”的矛盾性，从而充满滑稽意味和荒谬性。

• 思考与交流

试从《西游记》中找出几个体现否定性滑稽的故事情节，大家品味品味。

3. 崇高与滑稽的审美意义

我们面对崇高的对象时，常常会产生庄严敬畏、亢奋激动等情感反应。感知崇高，可以激发我们景仰崇高并效仿学习的欲望，以求摆脱往日的那种怯懦和平庸。崇高感的培养，能使人立志高远，百折不挠，形成提升精神境界的自觉。

我们面对滑稽的对象时，则会产生鄙夷不屑等情感反应。审视滑稽的对象，能让我们在丑和美的比照中，看到自身的力量，产生一种对滑稽对象轻蔑嘲笑的审美愉悦；我们既然嘲笑了滑稽对象，就会使自己不至于成为滑稽的对象，坚决地同丑行、愚行挥手告别，从而走向抑丑扬美、弃恶从善的人性自觉，实现自我完善。

总之，崇高宣扬的是人的正面价值，直接肯定了美好；滑稽贬抑的是人的负面价值，在直接否定丑行、愚行的同时，也间接表达了美好的愿望和理想。

• 课后活动

1. 从网上搜集体现素朴、华丽、优美、壮美的诗词、摄影或书法作品，以及社会生活中具有崇高感的事例，做成 PPT 或电子杂志，通过新媒体展示出来。

2. 对照否定性滑稽的特征，反省自己的言行，看看自身有没有某些否定性滑稽的印迹，想一想该如何与自己的丑行、愚行告别，实现人格的自我完善。

第四课　审美与美感

- 什么是审美？审美关系是如何建立起来的？
- 什么是美感？它有哪些显著的特点？
- 我们应当树立怎样的审美观？如何提高审美能力？

审美活动是人类特殊的精神活动。审美活动的开展，离不开人和审美对象，美感是联结两者的纽带。树立正确的审美观，积极参加审美实践，可以提高我们的审美能力。

一、审美

1. 什么是审美

让我们阅读下面一段文字：

洋槐在春天，似乎比其他的树都沉稳些。杨与柳都已翠叶青青，它才爆出米粒般大的嫩芽，只星星点点的一层隐绿，悄悄然决不喧哗。又过些日子，忽然就挂满了一串串葡萄似的花苞，又如一只只浅绿色的蜻蜓缀满树枝——当它张开翅膀跃跃欲飞时，薄薄的羽翼在春日温和的云朵下染织成一片耀眼的银色。那个清晨你会被一阵来自梦中的花香唤醒，那香味甘甜淡雅、撩人心脾却又若有若无。你循着这馥郁走上阳台，你的精神为之一振，你的眼前为之一亮，顿时整个世界都因此灿烂而壮丽：满满的一树雪白，袅袅低垂，如瀑布倾泻四溅。银珠般的花瓣在清风中微微飘荡，花气熏人，人也陶醉。

（节选自张抗抗《窗前的树》）

图 4-1　槐花

这是一个描述审美活动的好例子。洋槐爆出嫩芽，引起了“我”的注意；一些日子后忽然挂满一串串花苞，引发了“我”的惊奇；一夜之间如瀑布倾泻般的一树雪白，点燃了“我”情感的火花。无疑，“我”为槐花的美所倾倒，“我”为槐花馥郁的香气、耀眼的银色、瀑布般的倾泻和银珠般的形态所陶醉。

在这里，从发现到关注再到陶醉，就是一个审美的过程。“我”是审美主体，槐花是审美客体（审美对象），“我”通过视觉和嗅觉感官感知、领悟和欣赏到了槐花的美。这就是审美。

具体地说，审美就是人通过审美感官对审美对象的感知、领悟和欣赏，它是人与审美对象之间相互吸引、相互作用、相互影响的一种特殊的心理活动。

2. 什么是审美关系

审美活动的开展形成审美关系。在上面的例子中，“我”和槐花建立了审美关系。审美关系是指审美活动中，审美主体与审美客体所建立的相互作用、辩证统一的关系。审美主体是指具有审美素质和审美能力的人。审美客体，即审美对象，是指具有审美属性的客观事物。审美主体与审美客体是不可分离的，没有审美主体就没有审美客体；没有审美客体，也就不存在审美主体。一幅画如果没人去欣赏，它就会默默无闻地待在博物馆的角落里。我们酷爱阅读小说，但若没有进入作品的世界，也就构不成审美活动。

• 思考与交流

一片自然风景或一件艺术品是否就等同于一个审美客体？为什么？

在审美活动中，审美主体（人）是主动的，审美客体（艺术品或自然物等）则是被动的，它们等待着审美主体去发现，去欣赏。但从辩证的角度来看，审美客体从来就不是被动的，它本身就具有一种召唤能力，不断地向人们发出邀请，邀请审美主体进入它的世界。白居易有诗《钱塘湖春行》：“孤山寺北贾亭西，水面初平云脚低。几处早莺争暖树，谁家新燕啄春泥。乱花渐欲迷人眼，浅草才能没马蹄。最爱湖东行不足，绿杨阴里白沙堤。”是钱塘湖畔红花绿树的艳丽春光，吸引着诗人，使之向往、流连，百看不厌。像上面那个例子，正是由于槐花的形、色、香触动了“我”，“我”才会倾情欣赏，沉醉其中。

• 品美沙龙

有人这样描述达·芬奇《蒙娜丽莎》的魅力所在："无论观者站在画前的什么角度去看，画中人都以神秘的微笑注视着观者，仿佛是有意要你猜测和琢磨似的。"欣赏这个作品，谈谈你的感受。

• 知识链接

"南镇观花"的美学启示

《传习录》里记载了明代哲学家王守仁"南镇观花"的故事——先生游南镇，一友指岩中花树问曰："天下无心外之物，如此花树，在深山中自开自落，于我心亦何相关？"先生曰："你未看此花时，此花与汝心同归于寂；你来看此花时，则此花颜色一时明白起来，便知此花不在你的心外。"

这则故事本意是为了说明王守仁"心即是理"的哲学观点，但有助于我们理解审美主体和审美客体的关系：心与花的关系，即审美主体与审美客体之间的关系，两者是相互依存、辩证统一的。

此外，要形成审美关系，还要有促成审美关系产生的客观环境和审美氛围。只有当审美主体有了一定的需要，对审美客体产生审美留意，并形成一定的态度、评价时，才能构成审美关系。

二、美感

1. 什么是美感

我们仍看本课开头的例子。作者看到窗前袅袅低垂的槐花时，"精神为之一振"，"眼前为之一亮"，顿时感到"整个世界都因此灿烂而壮丽"。槐花的形、色、香使她的内心产生了一种感动，令其心情愉快，精神舒畅。这种感官和精神的愉悦，就是美感。当然，美感不是只有这样一种心理状态。面对美的事物，人们或心旷神怡，或悲叹感慨，或高亢激昂，这些都是美感的范畴。简言之，美感就是审美主体在具体的审美活动中获得的审美感受。

• 思考与交流

阅读下面几首诗，联系写作背景，品味诗人面对秋景所产生的不同美感。

山居秋暝

王维

空山新雨后，天气晚来秋。

明月松间照，清泉石上流。

竹喧归浣女，莲动下渔舟。

随意春芳歇，王孙自可留。

登高

杜甫

风急天高猿啸哀，渚清沙白鸟飞回。

无边落木萧萧下，不尽长江滚滚来。

万里悲秋常作客，百年多病独登台。

艰难苦恨繁霜鬓，潦倒新停浊酒杯。

秋词二首（其一）

刘禹锡

自古逢秋悲寂寥，我言秋日胜春朝。

晴空一鹤排云上，便引诗情到碧霄。

● 知识链接

美感与美

美感与美既有联系，又有区别。美是一种客观存在，它所指的是客观的美的事物，即审美对象；而美感则是美的事物在人的头脑中的主观反映，它是一种意识形态。具体地说，美感是审美主体对于美的认识，是一种特殊的情感反应和心理现象。

2. 美感的共同性

美感具有共同性、普遍性。孟子说："口之于味也，有同耆焉；耳之于声也，有同听焉；目之于色也，有同美焉。"伏尔泰也曾说过："有些美是通行于一切时代和一切国家的。"事实正是如此，美丽的风景人人欣赏，优雅的姿容人人倾慕，美好的品德人人敬仰，精美的物品人人喜爱，优美的艺术人人赞叹。

● 思考与交流

列宁和俾斯麦，一个是无产阶级革命家，一个是德意志帝国的"铁血宰相"，但他们都赞赏贝多芬的《热情奏鸣曲》。列宁说："《热情奏鸣曲》是我所知道的最美的东西，我愿每天听到它，多好啊，简直是超人的音乐！我总带着也许是幼稚的骄傲想，人类能做出多么令人惊奇的事情呵！"俾斯麦谈到《热情奏鸣曲》时则说："倘我常常听到它，我的勇气将永远不竭。"这说明了什么道理？欣赏这首曲子，谈谈你的审美感受。

3. 美感的差异性

美感是人们在长期的社会实践中逐渐形成的，它受到许多因素的影响和制约，因此，不同时代、不同地域、不同民族，甚至不同的审美个体，其审美观念、审美趣味、审美理想等存在着差别，这就导致了美感的差异性。

（1）时代性

美产生于人类的社会实践之中。随着社会实践的发展，人们的审美观念也在不断地变化，各个不同时代都有各自特定的审美风尚和审美文化。正如车尔尼雪夫斯基所说："每一代的美都是而且也应该是为那一代而存在……当美与那一代一同消逝的时候，再下一代就会有自己的、新的美。”比如，关于女性美，唐代以丰满、富态为美，明代则以纤细、柔弱为美。新中国成立后，随着社会的发展，现在人们的审美观念和审美趣味也和几十年前甚至十几年前大不相同。

● 思考与交流

新中国成立以来，随着我国经济、政治、文化等方面的变革与进步，我国人民的着装不断发生变化。搜寻20世纪50年代至90年代，以及21世纪人们的着装风格，感受新中国成立以来服装的变迁，体会美的时代性特征。

（2）地域性

由于地理、气候、文化的差异，不同地域人们的审美观也不尽相同。黑格尔曾经指出：“地方的自然类型和生长在这土地上的人民的类型和性格有密切的联系。”小到农村和城市、北方和南方，大到国与国之间、东方与西方之间，往往会因为地域特征、风俗文化和信仰等方面的不同，而形成不同的审美观。比如，我国南方的园林建筑，大多以私家园林为主，追求小桥流水、曲径通幽的意境，具有灵秀清幽的美。而北方园林由于处在相对少雨的地域，一般的私家园林只能凿井取水或者由他处运水补给，因而水池的面积都比较小，甚至采用“旱园”的做法。加之冬季寒冷和春秋多风沙，北方的园林建筑多呈封闭格局，表现出一种稳重、浑厚的美。

● 品美沙龙

中西建筑的审美差异

中国古代建筑大都是群体式布局，呈对称的有规律的走向。中国传统的四合院（见图4-2）就是一个典型的例子。四合院的布局通常将重要的建筑都安置在纵轴线上，将次要房屋安置在左右两侧的横轴线上，表现出一种深沉浑厚、含蓄而又博大的特色。这种对称美彰显出与儒家“礼制”思想相结合的和谐之美。而西方古代建筑大多追求单体建筑的体量宏伟，例如哥特式建筑，形体向上的动势十分强烈，轮廓分明的垂直线条贯穿始终，锋利的、直刺苍穹的尖顶充满着向上的冲力。

图 4-2　中国传统建筑四合院

• 思考与交流

以节日或婚俗为例，说说我国南方与北方（或城市与乡村）在审美趣味上的差异。

（3）民族性

不同的民族由于地理环境、语言、风俗习惯及文化背景等方面的差异，其审美趣味、审美标准大不一样，审美观也有很大差别。例如，西方民族以金发碧眼、棕色皮肤为美，而汉民族以黑发明眸、白皙皮肤为美。在日常生活、建筑风格、艺术创作等方面，各民族的审美观念也都有很多差异。

• 思考与交流

查阅资料，了解我国各民族的服饰特点，然后自选 5 个民族，说明其服饰特点，进而体会美感的民族性特征。

（4）个体性

人们在社会中生活，不仅受时代、民族的影响和制约，还受个人特定的生活环境、社会阅历，以及个人气质、性格、能力、趣味等因素的影响，这就形成了审美的个体差异性。例如，同是面对菊花，陶渊明表现出“采菊东篱下，悠然见南山”的悠然自得，李清照却倾吐出“帘卷西风，人比黄花瘦”的苦闷与忧伤。同是阅读《红楼梦》，林黛玉这个人物，在阅历深厚的老人与天真好奇的青少年的心目中的样子是截然不同的。

● 思考与交流

你认为《红楼梦》中最可爱的女孩是谁？说说你的理由。

总之，现实的一切审美活动都存在着共性和个性，两者是相互渗透、辩证统一的。随着社会的发展、进步，人类的文化交流越来越多，人们的审美视野也将越来越开阔，因而人类的审美活动将会变得更加丰富多彩。

三、树立正确的审美观

一个人的审美观是他世界观、人生观的一部分，从一个方面反映了一个人对世界、对人生的看法和态度。人们的世界观、人生观有先进、落后之分，人们的审美观和审美趣味也有正确与错误、高尚与低下的差别。在现实生活中，由于缺乏审美经验和审美能力，一些同学难以分辨善恶美丑，把庸俗当作高雅，将病态视为优美，把落后看成时尚，追求低级、怪异和不健康的趣味，不注重充实内心世界，提高涵养，留下了许多人生修养中的缺憾。因此，对一个青年学生来说，要获得有意义、有价值的美感，塑造美的人生，必须树立正确的审美观。

● 思考与交流

在我们的生活中存在哪些庸俗、怪异、病态的审美现象，它们有哪些危害？

我们倡导以真为美、以善为美和以纯朴为美的正确审美观，以达到美化社会、美化生活、美化心灵的目的。

1. 以真为美

所谓真，就是真理，就是客观事物的发展规律。宇宙万物，真的未必都美，但凡美的必真，真是美的前提。

虎啸深山，鱼游潭底，驼走大漠，雁排长空，它们按照自身固有的生存规律，即其真性情活动，自由自在，这是自然之美；人类社会从低级走向高级，从蒙昧到文明，这是社会形态之美；一切伟大的艺术，能真实、深刻、形象地反映社会生活，表现人们的思想、情感、理想、愿望，这是艺术之美；在有限的生命旅途中，积极进取，自强不息，充分发挥自身力量，努力按照世界万物和社会人生的发展演变规律去追求幸福的人生，这是人生之美。

以真为美，要求我们树立正确的世界观、人生观、价值观，追求真理，热爱科学，热爱人生，不断探索自然和社会的奥秘。

• 思考与交流

在 20 世纪粮食供应紧张的年代，有些地区毁林开垦，造成严重的水土流失和风沙危害，洪涝、干旱、沙尘暴等自然灾害频频发生，人民群众的生产生活受到严重影响，国家的生态安全受到严重威胁。2002 年起，国家全面启动退耕还林还草工程。查阅有关资料，了解近 20 年来我国退耕还林还草取得的成就，并说说这样做的美学价值。

2. 以善为美

人们膜拜太阳，因为它给人们带来光和热；人们赞美大地，因为它是人类的衣食之源和身心栖息之所。人们颂扬蔡伦、张衡、祖冲之、毕昇、沈括、黄道婆、李时珍，因为他们用智慧推动了华夏文明；人们颂扬岳飞、文天祥、戚继光、林则徐、邓世昌，因为他们维护了民族的独立和尊严；人们颂扬焦裕禄、孔繁森、任长霞、谷文昌，因为他们勤政为民，死而后已。人们推崇仁爱、忠恕、谦敬、诚信、礼义等美德，因为这些是构筑和谐人际关系和美好社会生活的基石。

以善为美，要求我们遵守伦理，讲究礼仪，造福大众。

思考与交流

查阅资料，了解习近平曾经点名称赞过的县委书记，说说他们的主要事迹，体会他们的品质之美。

3. 以纯朴为美

纯朴是中华民族的一项重要传统美德。纯朴就是质纯形朴，以纯朴为美的具体内涵就是重内质、尚自然。

纯朴是一种内秀，是真诚、不虚伪、不造作。任何虚假的东西都与美无缘。虚伪的爱情，犹如阳光下的肥皂泡，虽然看起来绚丽多彩，可惜转瞬即逝；口蜜腹剑的人，貌似真诚，其实内心丑恶。

纯朴是一种人格品性，淡泊沉静，简朴实在，心无尘垢，志存高远。纯朴是一种充实，表里如一，形神一致；而“墙上芦苇，头重脚轻根底浅；山中竹笋，嘴尖皮厚腹中空”“金玉其外，败絮其中”只能是丑陋、空虚的代名词。

纯朴是一种简约，是素朴、洁净、淡雅，无雕琢之痕。“家贫多扫地”，同样给人以环境美的享受；“贫女勤梳头”，同样给人以形象美的好感。当然，我们虽崇尚纯朴之美，但并不赞成完全顺其自然的无为，而是主张去粗取精、去伪存真，让心性显出率真、纯净的本色。这是一种更高层次上的美的境界。

以纯朴为美，要求我们充实内在，净化心灵，不虚浮，不矫饰，追求平实、高洁的人生。

品美沙龙

当年毛泽东在延安曾留下这样一张照片：在简陋的窑洞前，他身着粗布便服，双膝补了两块大小对称、干净整齐的补丁，正打着手势讲话。如此简陋的背景和朴素穿着，丝毫没有损害他的形象，相反，更加烘托出一位革命领袖在艰苦的战争岁月与人民同甘苦、共命运，严肃庄重、质朴无华的高尚风范。这就是一代伟人的纯朴之美。

以真为美、以善为美和以纯朴为美，三者协调一致，相得益彰。一切科学真理从来就是朴实无华，一切社会道德也从来就是朴实无华。熔真、善、纯朴于一炉，化真、善、纯朴于一体，晶莹圣洁，熠熠生辉，此乃人间的至美。

四、努力提高审美能力

人的审美能力不是先天就有的，而是在后天的生活、学习和审美实践中逐步培养起来的。因此，我们需要发挥自身的主观能动性，努力学习，丰富知识，积极参加审美实践活动。

1. 认真学习美学知识

马克思主义美学知识是认识美的思想武器。我们要通过马克思主义美学知识的学习，正确认识美的本质、特征、形态等，准确把握美与社会实践的关系，美与人的本质的关系，美与真和善的关系。在学习中，要特别注意掌握马克思主义的观点和方法，并与自己的审美实践结合起来。只有这样，才能正确地掌握审美评价的基本原则和方法，才能沿着正确的方向提高自身的审美能力，才能按照美的规律来发现美、理解美、欣赏美和创造美。

2. 深入了解审美对象

审美是一种高级的精神活动，在客观上要求我们掌握审美对象的有关知识。

欣赏自然美，要了解自然景物在时间和空间等方面的特点，以及与之相关的人文知识。比如登泰山，最好了解泰山的特点，了解最佳欣赏角度、最佳欣赏时节，以及有关历史典故、诗词、碑刻等。我们对泰山了解得越透越深，我们的欣赏便越到位。

欣赏社会美，要了解社会发展的基本规律，了解特定时代的特征等。比如新中国成立以来涌现出了大批模范人物，像黄继光、雷锋、焦裕禄、王进喜、孔繁森、徐虎、张海迪、许振超、张桂梅等，他们是各行各业的优秀代表，他们用自己的实际行动奏出时代的最强音。要充分认识和理解这些人物身上的美，就要了解他们所处的年代及具体的社会历史背景。

欣赏艺术美，要了解特定艺术的表现方法和特点，了解艺术反映的社会背景。比如欣赏交响乐，不仅要具备基本的音乐知识，还要对特定乐曲的写作背景及作曲家的生平有大致的了解。

3. 积极参加审美实践

审美能力的培养离不开审美实践，我们应该积极参加各种审美活动，训练审美感知力，培养审美情趣，完善审美方法。在生活中，我们要善于发现美、留意美，捕捉和感受每一份美。我们应该尽情地接近大自然，观赏那变幻无穷的色彩，聆听那美妙动听的声音，让我们的审美感知力逐渐建立起来；时刻关注社会生活中美好的人、美好的事，把握我们时代的主旋律，用真和善滋润心田，激励自己更加自觉地创造美、维护美，抵制丑、清除丑；积极参加对美的欣赏和创造活动，培养和丰富自己的感知力、想象力和理解力，形成对作品思想性及艺术性的鉴赏能力，从而使自己的思想品位和审美能力得到提升。

课后活动

1. 中央广播电视台和地方广播电视台都有一些内容积极向上的选秀节目。一般来说，每个人在一档节目中总会有自己特别喜欢的参赛选手。以最近一季的节目为例，从美感的角度，说出你最喜欢的一位选手及喜欢他的原因。

2. 选一组表现某个季节的作品，如诗歌、散文、摄影、绘画等，结合自己的审美感受，写一篇三四百字的鉴赏短文。

第二单元 美的欣赏

美的事物存在于自然、社会、科学技术、艺术等领域，这些领域里的美分别被称为自然美、社会美、科学美、技术美、艺术美等。形式美也是美存在的领域，它跟自然美、社会美等之间关系紧密。本单元，我们将介绍它们的概念、特点、欣赏方法及审美意义等。

第五课　形式美的欣赏

- 美的形式是不是形式美？
- 形式美包括哪些构成因素？有哪些具体法则？
- 强化形式美育有哪些意义？

美的事物形态万千，变化多姿，但在无数的具体的感性形式中又存在着某些共同的要素和规律，这些共同的要素和规律，就是所谓的形式美。形式美同自然美、社会美、科学美、技术美、艺术美关系紧密，形式美是抽象性的，而自然美、社会美、科学美、技术美、艺术美则是具体的，也是形式美赖以存在的基础。

一、美的内容和形式

美的事物总是内容和形式的统一体。美的内容是指美的事物所蕴含的社会内容，体现了人的智慧、力量、思想、情感、理想、愿望等。美的形式是指美的事物的具体的物质形式，如形体、状态、色彩、声音等。文学作品的美有作品的语言、结构等构成形式，音乐美有声音、节奏等构成形式，舞蹈美有人体动作、面部表情等构成形式。

思考与交流

品读下面这首诗，说说它在内容和形式上的美。

水乡行

沙白

水乡的路，
水云铺；
进庄出庄，
一把橹。

渔网作门帘，
挂满树；
走近才见，
几户人家住。

榴火自红，
柳线舞；
家家门前，
锁一副！

要寻人，
稻海深处；
一步步，
踏停蛙鼓。

蝉声住，
水上起暮雾；
儿童解缆送客，
一手好橹。

图 5-1　水乡

那么，美的内容和形式有着怎样的关系呢？

1. 美的内容和美的形式是紧密联系、不可分割的。

美的内容不能脱离美的形式而孤立存在，它必须通过具体的感性形式表现出来。美的形式是美的内容在外在方面的感性表现，没有美的内容，美的形式就成为空洞的、无意义的东西。

2. 美的形式依存于美的内容，但美的形式又具有相对独立的审美价值。

人们在审美活动中，可以撇开美的内容，把形式当作独立的审美对象。例如，我们欣赏小提琴协奏曲《梁山伯与祝英台》，可能还未及感受和理解它的感情内容，那婉转柔美的旋律便早已拨动了我们的心弦。又如，观看一组啦啦操，我们不必揣摩它的内容，就会被明快强烈的音乐节奏，简洁明艳的表演着装，张扬热烈、朝气蓬勃的舞蹈动作所吸引，获得精神上的振奋与感染。

3. 在具体的审美对象中，美的内容和形式并不是处在同等地位，它们所起的作用也不同。

美的内容决定美的形式，美的形式从属于美的内容，这是就美的一般意义来说的。对于具体的美的形态和事物来说，美的内容和形式之间是相对统一的。自然美偏重于形式，社会美偏重于内容，科学美和艺术美强调内容和形式的统一，技术美要求内容（实用）和形式（美观）有机结合。

二、美的形式和形式美

形式美是从具体的美的形式中抽象出来，由自然因素（如形状、色彩、声音等）及其组合规律（整齐、对称、比例、节奏、对比、多样统一等）构成的具有独立审美价值的符号体系。

- **品美沙龙**

对比在摄影中的运用

对比是形式美的法则之一。对比，又称对照，是把质或量反差较大的两个要素配列在一起，使人产生鲜明强烈的差异感受但仍具有统一感的现象，它能使主题更加鲜明。对比是形式美的基本法则之一，在文学、音乐、绘画、摄影、雕塑艺术中有着广泛的运用。

图 5-2 中，背景的明亮与人影的暗黑，人物的站蹲、高低，天空的广阔与海天线的邈远形成对比，但又恰到好处地统一起来，给人以自然和谐的审美感受。

图 5-2　一幅对比强烈的摄影作品

形式美属于美的形式因素，但又不等于美的形式。美的形式是具体审美对象的感性形态，是同审美对象的内容紧密联系的。而形式美则是从各个具体的美的形式中抽象出来的共同的美。例如绘画，不管是国画还是油画，不管是人物画还是山水画，都要通过形状、线条、色彩传达思想情感。形状、线条、色彩便属于形式美的范畴。可见，形式美是从各个具体的美的形式中概括出来的共同法则，形式美又总是渗透在各个具体的美的形式之中，通过它们体现出来。它们是一般与个别、抽象与具体、普遍与特殊的关系。

● 品美沙龙

线条的表情意味

线条具有传达感情的功能。在绘画及其他造型艺术中，人脸五官线条的不同倾斜方向，能传达出不同的情感状态。当人愉悦之时，积极的情感会使眼、眉和嘴角均向上提；悲哀不快的消极情感状态正相反，会使人眼、眉和嘴角向下撇；而眼、眉和嘴角平行则表现了平静的情感状态。这种线条处理的法则，就属于形式美的范畴。

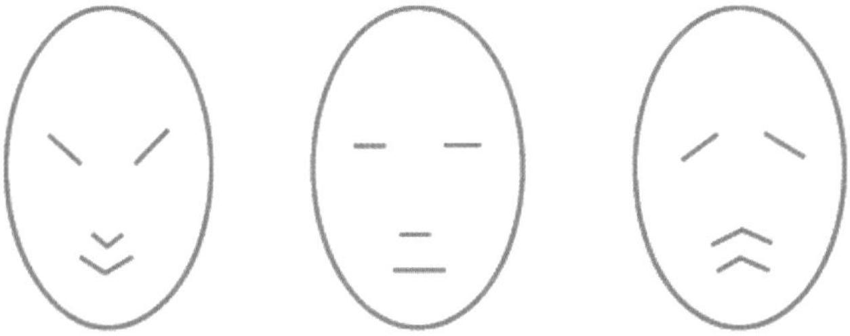

图 5-3　线条的表情意味

三、形式美的构成因素

形式美的构成因素一般划分为两大部分：一部分是构成形式美的物质材料；一部分是构成形式美的物质材料之间的组合规律，也称构成规律、形式美法则。

1. 构成形式美的物质材料

一定的物质材料构成了事物的外在形式，物质材料的自然属性带来了形式美。

（1）形状

形状是物体存在的空间形式，是形式美中最直观的因素。形状主要由线、面、体组成。

线是点移动的轨迹，它是构成物体形状的基本因素。线条可以分为直线、折线和曲线等，它们都具有独立的审美意味。

不同线条的审美意味

线条类型	审美意味
垂直线	显示刚劲，给人以高耸感、严肃感
水平线	显示平实，给人以稳定感、安宁感
斜线	显示有力，给人以运动感、速度感

续表

线条类型	审美意味
曲线	显示流畅，给人以流动感、柔和感
折线	显示转折、突变，给人以波动感、危机感

线条的这种审美意味广泛体现于现实生活中许多美的领域。比如，绘画史上享有盛誉的“吴带当风”，即指吴道子画人物衣服的线条时，空灵飘逸、笔法纯熟，富有立体的动感。我国独有的书法艺术，可谓是纯粹的线条的艺术，单靠线条的运用就可以表现书法家的情志。

图 5-4 《送子天王图（局部）》（吴道子）

面是线的扩大，当线带有一定的宽度或经过旋转后就会形成面。面通常构成事物的轮廓，使形状更为醒目，它所包含的审美意味也就更易被人感知。例如，正三角形给人以稳定感，如图 5-5 所示；倒三角形给人以倾危感。正方形有刚直、方正感，圆形有周密封闭感等。

图 5-5　北京天坛祈年殿

体是面的组合，包括长方体、立方体、球体、圆柱体、圆锥体等。体给人的审美感受大致同面相似，现实中的物体虽然大多由体构成，但作用于人视觉的形象却多以面出现，如绘画、摄影中的景物。但由于一个体往往包含着许多种面，体给人的美感比面更加丰富深刻。

• 知识链接

现代商品的外观为什么都变得更圆润了？

人们都喜欢拥有符合自己审美观的物品，一件商品的外观是否符合大众的审美观，关系到它销量的好坏。

20世纪，美国曾经制造大量方正而缺乏修饰感的商品，如某品牌笔记本电脑的外观设计（见图5-6），看上去就像一个方正而笨重的长方形。这在当时，对风尚从繁复转为简约起到了不小的作用。但随着世界经济的发展，细腻的流线条开始受到青睐，越来越多的商品注重采用流线型的外观。大部分笔记本电脑在保留方正外观的同时，对线条进行柔化处理，将方正的边角改得圆润，这样既保留了外观的稳重感，又符合新的风尚。现代商品大多选择简洁明快的几何造型、流畅圆润的线条，凸显细节之美。

图5-6 某品牌笔记本电脑外观

（2）色彩

色彩的本质是不同波长的光。阳光通过三棱镜折射，可以析解为红、橙、黄、绿、蓝、靛、紫的七彩光带，而大自然中的色彩则更为丰富。比起形状来，色彩的审美意味更浓，更具有独立的审美价值，诚如艺术理论家阿恩海姆所说：“那落日的余晖以及地中海的碧蓝色彩所传达的表情，恐怕是任何确定的形状都望尘莫及的。”

大量实验表明，色彩能通过视觉感知而影响人们的心理，不同的色彩能引起不同的情绪反应，从而引发不同的美感效应。在心理上，色彩有冷暖、远近、轻重、虚实、厚薄、大小之分。

色彩与人的心理和情绪的关系

色彩	人的心理和情绪	
红色	热烈、庄严、兴奋	温暖、贴近、运动与膨胀
橙色	热情、严肃、快乐	
黄色	明朗、欢快、活泼	
绿色	平和、自然、大方	阴冷、遥远、静止与收缩
青色	秀丽、朴素、清冷	
蓝色	明净、广阔、朴实	
紫色	珍贵、华丽、高贵	
黑色	沉闷、紧张、恐怖	
白色	明亮、淡雅、纯洁	

正因如此，色彩能引发人的瞬间联想：红色能使人想到炽热的火焰、节日的彩旗；黄色能使人想到明亮的灯光、和暖的阳光；绿色能使人想到幽静的树林、碧绿的草地；蓝色能使人想到高远的天空、浩渺的大海；白色能使人想到银装素裹的世界、素雅的婚纱等。

不过，色彩的审美特性也并非一成不变，其联想意义及审美意味存在时代、民族乃至具体环境、欣赏个体的差异。例如，白色在西方象征着纯洁，被用作婚纱之色，而在东方则象征着悲哀，被用作丧服之色。红色象征着热情奔放，又意味着警惕，如交通信号灯。蓝色象征着宁静，又意味着绝望、悲哀，“蓝色的音乐”就是指传达哀愁情绪的音乐。

• 思考与交流

有一个足球教练总是让人把运动员中场休息的更衣室刷成浅蓝色，而当他对队员们进行最后的鼓励讲话时，则让队员们走进涂着橙红色的接待室。想一想，这是什么道理。

• 知识链接

为什么红蓝色成为企业 logo 的首选色?

很多企业会以红色、蓝色作为企业 logo 的首选色。这是为什么呢?

红色、黄色、蓝色属于三原色，其纯度和亮度明显高于其他颜色，比其他颜色更醒目。虽然黄色的明度最高，但是当用白色作为底色时，与白色不能形成较大反差，因此在商标设计中较少使用。而与白色能够形成较大反差的红色、蓝色，成为商标设计的首选（见图 5-7）。

图 5-7　红蓝色使用效果

红色和蓝色之所以在商标设计中受到青睐，还有一个重要原因，那就是对比。红色和蓝色是暖色和冷色中最具代表性的颜色，两种颜色放在一起，具有更强的色彩感，会使二者变得更加醒目。

（3）声音

声音，从本质上看是由物体振动所引起的一种机械波。人类听觉所能感受的声波频率在 20~20 000 赫之间。与形状、色彩一样，声音也是物质材料的自然属性；不同的是，声音通过听觉感知来影响欣赏者的心理。

声音包括现实世界中的一切声响，如自然界的风声雨声、鸟鸣兽吼，乃至人的声音、车的声音等。但是，并非所有声音都具有审美价值。在我国古代，声、音、乐三者是有区分的：“声”

包括自然界一切原始之声；“音”则为人所独有，是人表达思想感情的一种方式；“乐”是经过艺术加工创造的专门艺术。属于形式美范畴的，通常是指那些能激发人愉悦情感的声音。

声音有一定的情感意味。一般来说，高音显得激昂亢奋，低音则较深沉凝重；强音坚定有力，富有鼓动性，弱音柔和细腻，富有抒情性；纯音优美动听，使人欢悦，噪音繁杂吵闹，令人不快。朗诵、演讲、主持节目，都要讲究声音的表现技巧，而音乐则完全是一门声音的艺术。

声音美的另一特点是对人感官刺激的迅捷性。同形状、色彩相比，人们对声音美的接受和反应最灵敏、最快速。当一支优美的乐曲奏起时，人们顿时感到轻松愉快，而一听哀婉之声，心情立刻就会感到沉重。从人的生理、心理机制来看，人对形状、色彩的感知和反应都有一个缓冲过程，对不喜爱的形状、色彩尚有一定的容忍性，而对声音的好恶反应却立竿见影，对刺耳的噪声简直一刻也难以忍耐。所以，音乐不但对人的审美活动具有重大意义，而且对促进人的身心健康、美化生活环境、提高劳动效率都有一定作用。

思考与交流

音乐可以缓解疲劳，音乐可以宣泄情绪，音乐可以提振信心。请结合你的欣赏体验，举例说明。

2．构成形式美的物质材料的组合规律

构成形式美的另一要素是物质材料的组合规律，也称形式美法则。形式美的组合规律从各部分之间的关系来看，包括整齐一律，对称、均衡，比例匀称，节奏、韵律，对比、主从等；从整体来看，主要是多样统一。

（1）整齐一律

整齐一律，就是构成事物外在形式的物质材料整齐地组合起来，其形状、色彩、声音等单纯齐整，重复而没有变化。它是形式美最简单的法则。

整齐一律在生活及艺术中十分常见。例如成排的树木和教室座椅、仪仗队列、连续的花边纹饰等。整齐一律能体现一种统一有序的规整美、洁净美，给人以单纯感、庄重感、秩序感，有时还能表现出一定的节奏、气势。但因缺少变化，不免显得单调、沉闷，所以它在形式美中很少单独使用。

图 5-8　排列整齐的座椅

（2）对称、均衡

对称、均衡是整齐一律的发展和变化，指审美对象的两部分之间既存在差异又和谐统一，保持一种相对的稳定。

对称是以中轴线为中心，左右（或上下）两侧的事物在形体和数量上均等，并同中轴线保持相同的距离，从而达到平衡。对称既保持了整齐一律的长处，又避免了完全重复的呆板，给人一种庄重、沉静之感。对称在生活及艺术中的运用较为广泛。例如，故宫的布局，中式客厅的摆设等。

均衡是中轴线两侧的形体不必等同，量上也只是大体相当，从而保持布局上的相对平衡。均衡避免了完全对称的整齐划一，又具有平衡的整齐、稳定之美，符合人心理平衡的需求，其运用则更为广泛。

常见的均衡有 3 种类型。

对等平衡。即两侧的物体等量不等形，离中轴线距离相当。例如，剪纸中的儿童（见图 5-9），一边是男童，一边是女童，就属于对等平衡。

重力平衡。即重物与轻物因与支点的距离不同而保持平衡。这种平衡在绘画、书法及盆景艺术中运用较多。例如五针松盆景（见图 5-10），左侧松枝略高，右侧松枝略低并向外延伸，两侧虽不同型，但给人以均衡感。

图 5-9　剪纸中的儿童

图 5-10　五针松盆景

运动平衡。即处于平衡关系的两极有规律地交替出现，使平衡不断被打破又重新形成，也就是“不平衡之平衡”。例如，钟摆、跷跷板等即属于运动平衡。这种平衡常在建筑、雕塑、绘画和工艺美术中出现，大多选取看似不平衡又即将恢复平衡的某一瞬间，通过静态造型来表现动态之美。比如我国汉代“铜奔马”（见图 5-11），马的三条腿都腾空而起，只有一条后腿踏在一只龙雀身上，整匹马呈现出一种飞腾的气势，充满动感。按常规，一条腿的支点很难撑住全身，但由于飞马倾斜的角度和身体前后的重量、比例较为均衡，所以能给人以稳定的平衡感。

图 5-11　汉代“铜奔马”（又名“马踏飞燕”“马超龙雀”）

（3）比例匀称

比例是指事物的整体与局部以及局部与局部之间的大小、长短、高低、粗细等方面的搭配。比例关系和谐，就是我们平时所说的“匀称”。楚国辞赋家宋玉描写东家之子的美时所说的“增之一分则太长，减之一分则太短”，就是指其身高与体态比例恰到好处。比例得当在艺术创作中是一条重要的原则。

西方人在比例关系上特别推崇黄金分割律。所谓黄金分割律，就是把一条线段分成两部分，使其中一部分与全长的比等于另一部分与这部分的比，比值约为 0.618。黄金分割律可以追溯到古希腊的毕达哥拉斯学派，在文艺复兴时期被人们正式提出，并把它作为确定美的事物的标准。他们认为，只要事物的各部分之间符合这种比例关系，就会给人和谐悦目的感受。比如人体，腰身以下的长度与身高的比值越近 0.618，就越会给人一种美的感觉。据说古希腊女神维纳斯塑像的腰身以下的长度与身高比恰好是 0.618，因而被认为是最优美的身段。黄金分割律的运用十分广泛。在人们日常的生活用具中，常能看到黄金分割律的影子。

品美沙龙

黄金分割律在产品外观设计中的应用

把黄金分割律合理地运用于产品造型设计中，能给人以视觉美感。在冰箱外观设计中，可以找到很多的黄金比例（0.618：1）。某品牌冰箱的上下部分的分界线处于黄金分割点；某品牌对开门冰箱（见图5-12）的左右两门宽度之比为0.618：1，上下两个部分也存在黄金比例，显示屏也刚好处于黄金分割点上。这些外形上的处理，加上银白的色彩，使之显得大气、优美、和谐。

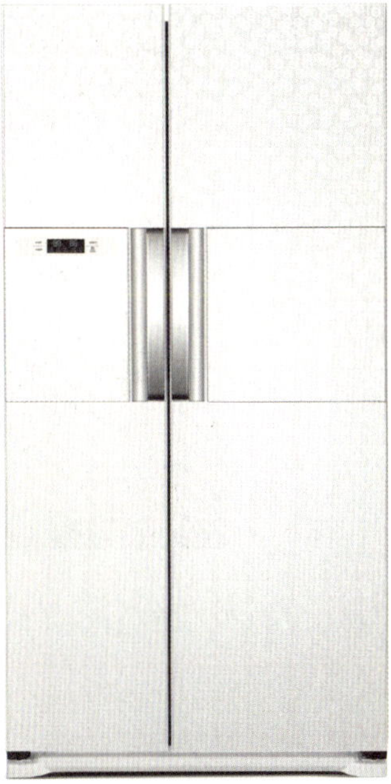

图5-12　对开门冰箱外观

又如，某品牌汽车（见图5-13）的造型多处符合黄金比例。如其外形，看起来为体现黄金比例的椭圆的上半部分。侧窗重复了黄金分割的椭圆形状，后车窗符合黄金分割矩形的比例。这款汽车成功地运用了黄金比例，牢牢地抓住了人们对造型一致性的视觉期待，体现出独特的美感。

图5-13　汽车外观

当然，黄金分割律并不是美的唯一形式，在现实生活中还有大量美的事物并不采用黄金比例，常见的如纪念碑、剧院大门、方桌、大衣柜等。甚至在一定的情况下，比例不合度，也可构成一种具有特异风格的形式美，如奇峰怪石，虽不合比例，却另有一番意趣。

图 5-14 苏州留园奇石

（4）节奏、韵律

节奏是事物运动过程中有规律的反复连续，速度快慢、力度强弱、动静交替、疏密相间、虚实对比等都可组成节奏。

图 5-15 北京天宁寺塔

节奏在自然和生活中随处可见，日夜更替，寒来暑往，花开花谢，潮涨潮落，波涛起伏等，都有一定节奏。人们的饮食起居、劳动生活也都充满节奏。

艺术同节奏的关系则更为密切。节奏在音乐、舞蹈里是核心要素，失去节奏，音乐、舞蹈就等于失去了自身而不复存在。诗也讲究分行、分节、抑扬顿挫的音韵美及情感流动的内在节奏美。建筑也讲究节奏美。我国建筑学家梁思成分析北京广安门外的天宁寺塔（见图 5-15）的结构，将月台、须弥座、塔身、塔檐、尖顶分成几个层次，发现每一层次之间都保持一定的间隔，参差错落，自然和谐，成为一种凝固的节奏。

同节奏密切相关的是韵律。韵律实际上就是节奏的律动产生的一种情调或意味。例如，一般的广播操只具有节奏美，而韵律操则不仅具有节奏美，还于节奏中显示出青春气息和时代色彩。又如我国的天坛和欧洲中世纪的哥特式建筑，前者以层层盘旋向上的节奏，后者以尖顶直立向上的节奏，分别体现出不断升腾和通达苍穹的韵律感。节奏、韵律一般是相连的，可产生飞动感、递进感、韵味感。

图 5-16 哥特式建筑——意大利米兰大教堂

（5）对比、主从

对比是把具有鲜明对比关系的因素统一起来，使其互相映衬，从而更加突出各自特征，达到相得益彰的效果。

对比是对立统一规律的体现，它在形式美中的表现极为广泛。不同的形、色、声因素在质与量、时间与空间等方面都可形成强烈的对比，如线条曲直、体积大小、色彩浓淡、声音强弱、光线明暗、空间虚实、节奏快慢等。

思考与交流

对比是文艺创作的重要手段。阅读下列语句，指出它们各自在哪些方面用了对比。

语句	对比情况
江碧鸟逾白，山青花欲燃。（杜甫《绝句》）	
黑云压城城欲摧，甲光向日金鳞开。（李贺《雁门太守行》）	
明月松间照，清泉石上流。（王维《山居秋暝》）	
池花春映日，窗竹夜鸣秋。（李白《谢公亭》）	
户外一峰秀，阶前众壑深。（孟浩然《题大禹寺义公禅房》）	
朱门酒肉臭，路有冻死骨。（杜甫《自京赴奉先县咏怀五百字》）	
林黛玉焚稿断痴情，薛宝钗出阁成大礼。（曹雪芹、高鹗《红楼梦》）	

主从，又叫“宾主”。对比中的两部分各自处在平等的位置，而主从则要求各部分之间有主次之分，尽量突出主体部分，让次要部分作为陪衬、烘托，犹如众星拱月、万绿扶红。

主从在艺术创作中的运用也十分普遍。例如，小说中有主要人物和次要人物，绘画中有前景与背景，乐曲中有主旋律与和声，宫殿建筑中有主殿和配殿，盆景中主植与次植，它们都把主体部分置于最鲜明、最醒目的位置，从而体现出核心感及整体的层次感。

图 5-17　多肉盆栽中的主次搭配

（6）多样统一

多样统一，指形式上寓杂多于统一，寓变化于整齐，既指形状与形状、色彩与色彩、声音与声音的和谐，也包括形状、色彩、声音之间的和谐。它是形式美规律中最高级的法则。

多样统一的形式在自然和生活中十分常见。例如，蓝天白云、远山近水、桃红柳绿、莺歌燕舞等，构成一幅明媚祥和的春之图；新衣美食、对联年画、烟花鞭炮、舞狮舞龙、走亲访友等，共同营造出春节喜庆的气氛。

艺术创作特别重视多样统一法则的运用。交响乐的演奏中，各种乐器、各个声部和乐段等协调配合，合奏成一组壮美的乐章。山水画的创作，要求在整齐中有变化，“千岩万壑，要低昂聚散而不同；叠巘层峦，但峥嵘起伏而各异”（李成《山水诀》）。插花艺术中也讲究多样统一，“插花不可太繁，亦不可太瘦，多不过二种三种，高低疏密，如画苑布置方妙。……夫花之所谓整齐者，正以参差不伦，意态天然”（袁宏道《瓶史》）。

图 5-18　服装设计中色彩的多样统一

多样统一包括两种基本类型：一是调和，二是比照。

调和是多种非对立因素相辅相成，协调一致。例如，色彩中的黄与橙黄，红与紫红，都属于邻近色，配在一起非常协调。音乐中的和声，几个音按一定的乐理同时发声，悦耳动听。

比照是各种对立因素相反相成，平衡统一。例如安格尔的《泉》，幽暗的背景和明亮的人体、动态的泻泉和静态的站姿之间形成鲜明对比，增强了画面的美。

• 思考与交流

说说下面这一作品（见图 5-19）在花、叶的色彩及造型处理上是如何运用多样统一的法则的。

图 5-19　插花作品

形式美法则是人类在漫长的社会实践中不断摸索和总结出来的，是对现实中美的事物在形式上的共同特征的概括。当然，形式美法则并不是一成不变的，随着人类实践经验的不断丰富，人类科学技术水平的不断发展，美的事物不断被创造，形式美法则必然会不断地发展和丰富。

四、形式美育的意义

具体地说，加强形式美育主要有下列意义。

1. 促进工业设计

形式美的创造是工业产品设计的重要方面。现代社会生活的发展要求工业产品必须是集功能、技术、形象三者为一身的有机结合体，是实用、经济和审美的统一体。产品形式美的创造在工业设计中具有特别重要的意义。产品的形式美主要指由线条、块面、材质、尺度、比例、节奏、韵律、量感、色彩等有机统一所形成的整体形象美。加强形式美育，建构起对事物的形式美感，将有助于产品形式美的创造。

2. 促进艺术创作与欣赏

艺术形式在艺术的创作与欣赏过程中起着重要的桥梁作用。艺术创作大都是以形式感和形式美为基础进行的，例如诗要讲究韵律和节奏的美，雕塑要讲究结构的样式化的美，绘画要讲究色彩、线条的美，演员要讲究形体、动作的美等。人们对艺术美的欣赏也总是先从感知形式因素开始，进而感受其内涵。所以，加强形式美育，能促进审美主体艺术形式美感的形成，进而助力其艺术创作和欣赏。

3. 促进生活美化

在现实生活中，无论是生活环境的美化，还是日常生活的美化，无处不涉及形式感，无处不创造并应用着形式美。大到社会物质生活环境的美化，如村镇和农田的改造，花园、公园的建设等，小到家庭生活环境、校园环境、工作环境以及商场、娱乐场所等的美化，都具体地应用着形式美的诸要素和法则。了解形式美，欣赏形式美，对于美化环境、美化生活有着重要的意义。

• 课后活动

1. 以“寻找形式美”为主题，从艺术创作、产品设计等领域，举出整齐一律，对称、均衡，比例匀称，节奏、韵律，对比、主从，多样统一的例子。要求：5或6人为一组，合作完成作业；运用美篇等软件，采用图文混编的方式，展示活动成果。

2. 运用形式美的法则，谈谈如何进一步美化教室、实训室、寝室。

第六课　自然美的欣赏

- 自然何以为美？
- 自然美有哪些类型和主要审美形态？
- 怎样欣赏自然美？自然美有哪些审美意义？

自然美是指自然事物和现象的美。大自然千姿百态、五光十色，到处充满了美。自然美是人类永恒的审美领域，也是艺术永恒的题材。

一、自然美的类型和特点

1. 自然美的类型

自然美拥有繁多的种类。从自然属性上划分，自然美可以分成天体美、气象美、山水美、海洋美、动物美、植物美、矿物美、岩洞美等种类。从人的实践活动与自然界的关系上来划分，自然美可以分成天然状态的自然美和经过人类劳动改造的自然美。前者如日月星辰、雷电雨雪、原始森林、野生动物等，后者如河道田野、城市绿地、滩涂牧场、梯田林区、水库大坝等。

2. 自然美的特点

（1）自然美是自然性与社会性的统一

所谓自然性，是指自然事物和现象的某些属性和特征，如质地、形状、状态、色彩、声音、气味等。自然性是形成自然美的必要条件。自然美离不开自然物本身的属性，但单纯的自然属性并不构成美，只有当其自然属性引发了审美主体（人类）的感触，才会形成美感。

● **知识链接**

自然何以为美

自然是人类的栖息地，也是人类生存发展的物质来源。人总是追求生命的大自在，当自然物以和谐、缤纷的感性形式存在时，人容易对其产生一种亲近感、归属感，甚至由此引发对美好生活的联想和想象，以及对宇宙与人生的审美观照。

大自然是千姿百态、变幻莫测的，甚至还带着几分神秘与奇特。面对自然现象，我们或赞美，或感叹，或惊异，或震撼，甚至生出几许敬畏的情感。自然世界的奇伟瑰怪，常常唤起人们探究与征服的欲望，人们也常常在这个过程中实现个人价值，发现自身的本质力量。这些都是自然美感的来源。

一些自然事物，还因为它们的某些属性与美好的品格有着相似之处，使观赏者从中比附、联想出它所蕴含、所象征的某种人格美和道德美，或者获得某些心灵启迪。《论语·子罕》："岁寒，然后知松柏之后凋也。"松柏不畏严寒、坚韧挺拔的品格，便常为人们所讴歌。陈毅《青松》:

“大雪压青松，青松挺且直。要知松高洁，待到雪化时。”便是借物咏怀，赞美共产党人不畏强暴、不怕困难、坚强不屈、敢于斗争的崇高品格和革命精神。

（2）自然美是偏重于形式的美

一般来说，美的事物总是内容与形式的统一，但不同的美侧重的方面不同。自然美偏重于形式方面的美。自然美的内容往往是朦胧的、不确定的，而其形式却是具体的、能直接引发美感的，因此形式在自然美中占据突出和显要的地位。

• 思考与交流

说说下列语句所体现的自然美的美学价值。

语句	美学价值
望秋云神飞扬，临春风思浩荡。（王微《叙画》）	
可使食无肉，不可居无竹。（苏轼《于潜僧绿筠轩》）	
清风明月本无价，近水远山皆有情。（苏州沧浪亭对联）	
如果我们能够停下来听一听我们脚下这块疏松的土地所发出的意愿，我们就会理解自然与美是何等紧密地融为一体。……自然的伟大和美在我们的身边周而复始地呈现，并在我们的自身体现出来。神圣的、令人赞美的、瑰丽缤纷的和旖旎多姿的景象在生活中比比皆是，无处不在。（法国布德尔《灵魂》）	

二、自然美的审美形态

自然景物多姿多彩，各具特色，其审美形态主要有雄伟、险绝、奇特、秀丽、清幽、旷阔等。

1. 雄伟

这是大自然最激动人心的美。山有雄伟之美，它由山的高度、气势所决定，如五岳之首的泰山（见图 6-1）。江海有雄壮的气势，它由江流海浪的速度、强度、声威所决定，如天下闻名的钱塘潮（见图 6-2）。

图 6-1　泰山

图 6-2　钱塘潮

思考与交流

查找资料，描述下列风景名胜“雄伟”的特点，并引用几句体现其特点的诗文。

风景名胜	描述	有关诗文
泰山		
钱塘潮		

2. 险绝

山有险峻之美，其险在于山脊高耸而狭窄，如“天下第一险”的华山（见图 6-3）。江有险急之美，其险在于滩多水急，如长江三峡中的西陵峡一段（见图 6-4）。

图 6-3 华山

图 6-4　西陵峡

思考与交流

查找资料，描述下列风景名胜“险绝”的特点，并引用几句体现其特点的诗文。

风景名胜	描述	有关诗文
华山		
西陵峡		

知识链接

审美中的“心理距离说”

心理学家布洛认为，在审美活动中，只有当主体（人）和对象之间保持着一种恰如其分的“心理距离”时，对象对于主体才可能是美的。这个观点叫作“心理距离说”。

比如，海雾是美的还是不美的？这要看我们是谁，站在什么地方。如果我们是船长、水手、乘客，那么，海雾对于我们来说就不是美的，不但不美而且有些恐怖。因为轮船在一片白茫茫中行驶，不知彼岸何在，前途何在，是凶是吉，哪里还会有美感？但是，如果我们在岸上，那海天之间的茫茫大雾，对于我们来说就是一个难得的美景和奇观。海岸、礁石、灯塔，都在乳白色的纱幕中若隐若现。朦胧中，一艘轮船缓缓驶来，不是很美吗？

这是为什么呢？因为有了距离。所谓有了距离，不是说我们就不在海雾中，海雾和我们隔得很远；而是说，哪怕那海雾近在眼前，它跟我们也没有利害关系，我们可以没有任何心理负担地欣赏它。

3. 奇特

大自然有许多奇特的景观，它们能引发人们无限的联想。如“天下第一奇山”安徽黄山（见图6-5）、江西的三清山、云南的石林、“中国溶洞之王”贵州织金洞（见图6-6）等，都很奇特。

图6-5　黄山

图 6-6　织金洞

思考与交流

查找资料，描述下列风景名胜“奇特”的特点，并引用几句体现其特点的诗文。

风景名胜	描述	有关诗文
黄山		
织金洞		

4. 秀丽

这大概是自然美中最让人钟情的一种形态。山的秀丽主要表现为山脉绵亘，线条柔美，远望曲折如眉黛；山上草木葱茏，丘峦凝翠；山气笼罩，云雾缭绕。水的秀丽主要表现为水面平阔，波光粼粼；细流涓涓，清冽可鉴。秀丽离不开自然景物的整体和谐，如果有山有水，山影水波，动静相映，则其秀丽的特征更为明显。峨眉山（见图 6-7）、杭州西湖（见图 6-8）、富春江、桂林山水等都是体现山水秀丽的典型。

图 6-7　峨眉山

图 6-8　西湖

思考与交流

查找资料，描述下列风景名胜“秀丽”的特点，并引用几句体现其特点的诗文。

风景名胜	描述	有关诗文
峨眉山		
杭州西湖		

5. 清幽

在丛山深林、水涧云谷，由于视域较窄，光量不足，空气洁净，景深而层次多，形成了一种幽深、恬静的环境氛围。四川青城山（见图 6-9）自古有“天下第一幽”的美誉。重庆黑山谷（见图 6-10）林木葱茏、植物独特，也是有名的清幽之处。

图 6-9　青城山

图 6-10 黑山谷

思考与交流

查找资料，描述下列风景名胜“清幽”的特点，并引用几句体现其特点的诗文。

风景名胜	描述	有关诗文
青城山		
黑山谷		

6. 旷阔

旷阔，即视野宽广，一望无际。奔流绵邈的江河，碧波万顷的湖泊，碧草连天的草原，黄沙漫漫的沙漠，蔚蓝的天空，都具有旷阔的审美特征。欣赏旷阔的自然景物，能使人襟怀坦荡，充分领略到自然的博大和崇高。

图 6-11 滇池

图 6-12 呼伦贝尔草原

思考与交流

查找资料，描述下列风景名胜“旷阔”的特点，并引用几句体现其特点的诗文。

风景名胜	描述	有关诗文
滇池		
呼伦贝尔草原		

上面列举了自然美的几种主要审美形态。自然界景物万千，所展现的美也是多姿多彩的，自然美的审美形态并非仅有上述几种。而且，自然景物是立体的，变化着的，即使在同一自然景区也会有各种不同形态的美景。

三、自然美的欣赏方法

1. 调动审美感官，充分发挥想象

自然美主要以自然事物的形、色、声、光等感性形式给人以审美享受。单用眼睛来欣赏自然美是远远不够的，还要调动耳、鼻等各种审美感官，将它们协同起来一起感受。只有这样，才能进入审美情境，感受到自然之美。

• 思考与交流

假如一个阳光明媚的春天的清晨，你漫步于山间小路，你该如何欣赏山间的美景？请谈谈你的想法。

欣赏自然景物，除了要调动审美感官外，还要善于运用联想和想象，来丰富和扩大自己的审美感受。有一句话叫："三分像，七分想。"大自然是不断变化的，长年累月的造化之功使某些自然物看上去像某一事物。当我们边欣赏边想象时，便能获得一种独特的审美感受。

• 品美沙龙

黄山有一个景点，叫作“猴子观海”（见图6-13）。它状如一猴蹲坐，静观云海起伏。有诗曰：“灵猴观海不知年，万顷红云镶碧天。坐看人间兴废事，几经沧海变桑田。”在云气散去之后，石猴又好似在眺望古太平县境，所以这块奇石也叫“猴子望太平”。又有诗赞曰：“小劫沉沦五百春，全真应是最多情。功成缘满归东土，趺坐灵山望太平。”

图6-13　猴子观海

2. 扩充自然知识，丰富实践经验

欣赏自然美，单靠直觉和想象还不够，要获得对自然美的丰富感受，需要不断扩充自然知识。如果我们对泰山的地理环境有一定的了解，对其雄伟的特征就会有更深的理解；如果我们对黄山的气候特征及天气变化有一定的了解，那么对黄山云海、佛光、雾凇等奇观就会有科学的认识；如果我们对峨眉山植物的种类及形态有一定的认知，那么对其秀丽之美就会有新的体会；如此等等。要获得对自然美的丰富感受，还离不开审美体验的积累。如果我们欣赏的名山大川多了，那么对“泰山天下雄，华山天下险，黄山天下奇，峨眉天下秀，青城天下幽”的说法就可能会有更深刻的体验。因此，我们要在实践中丰富自己的审美体验。

● 知识链接

雾 凇

雾凇，俗称树挂，是我国北国风光中的一朵奇葩。它非冰非雪，它是雾中无数零摄氏度以下而尚未结冰的水蒸气随风在树枝等物上不断积聚冻粘的结果，表现为白色不透明的粒状结构沉积物。因为它美丽皎洁，晶莹闪烁，又被称为“冰花”“琼花”“雪柳”等。

吉林雾凇（见图6-14）是中国四大自然奇观之一。每当雾凇来临，吉林市松花江岸十里长堤“忽如一夜春风来，千树万树梨花开”，柳树结银花，松树绽银菊，如诗如画。位于吉林市乌拉街镇的雾凇岛，是我国著名的雾凇风景区。这里树形奇特，沿江的垂柳挂满了洁白晶莹的霜花，江风吹拂银丝闪烁，天地白茫茫一片，犹如被尘世遗忘的仙境。

图6-14 吉林雾凇

3. 提升文化修养，培育人文情趣

欣赏自然美，还要有一定的文化修养。我国的许多自然景观都带有历史、文化的痕迹。有些自然景观，如果就其形式来看是很平常的，但因为涉及某些历史事件、民间故事或神话传说而顿生异彩。比如，泰山由于古代帝王的祭天活动而被奉为“神山”；五台山、武当山因宗教活动逐

渐发展为佛教名山、道教福地；井冈山、大别山等是革命圣地；等等。这些景区都保存着不少的文物古迹，如庙宇殿堂、摩崖石刻、壁画雕塑、对联匾额等。如果我们留心欣赏这些方面，就会体会到自然景观的历史价值及文化艺术价值。这样欣赏自然美，就会更富情趣，更具意义，更有收获。

4. 关注时令变化，掌握观察方法

把握住时令变化，选择最佳观赏时期。大自然的奇妙变幻与晴雨晨昏、寒来暑往等时间因素有着不可分割的关系。欣赏自然美，要善于把握时令变化给自然景物增添的迷人色彩。

● 思考与交流

参照示例，说说时令与自然景物审美特征的关系。

有关诗文	时令与自然景物审美特征的关系
水色春绿夏碧，秋青冬黑；天色春晃夏苍，秋净冬黯。（郭熙《林泉高致》）	季节不同，自然景物的审美特征不同。
春水满四泽，夏云多奇峰。秋月扬明晖，冬岭秀孤松。（陶渊明《四时》）	
野芳发而幽香，佳木秀而繁阴，风霜高洁，水落而石出者，山间之四时也。（欧阳修《醉翁亭记》）	
若夫日出而林霏开，云归而岩穴暝，晦明变化者，山间之朝暮也。（欧阳修《醉翁亭记》）	
水光潋滟晴方好，山色空蒙雨亦奇。（苏轼《饮湖上初晴雨后》）	

5. 注意变换空间，选择最佳观景点

大自然的山水、树木、光影、云霞、雨雾以及点缀其间的建筑、人群、飞禽走兽，构成动静变化的空间整体。自然界辽阔无边，自然景物千姿百态，空间的变化会带来视觉形象的变化。欣赏自然美，要注意景物在空间上的变化，并选择最佳的观景方位。

• 思考与交流

自然景物在水平与垂直两个方向都会呈现出不同的形态，观赏的位置和角度发生变化，审美感受也会不同。《林泉高致》说的“山形步步移”“山形面面看”，及人们常说的“一山有四季，十里不同天”，都是讲的这个道理。查找资料，试以给定篇目中的描写进行举例说明，体会空间变化带来的不同的审美感受。

观察方式	举例
移步换景	李健吾《雨中登泰山》：
定点换景	刘白羽《长江三峡》：
定景换点	李乐薇《我的空中楼阁》：

总之，自然界的地形地貌及自然景物形形色色，自然界有静有动，富于变化。大自然的空间转换和时间变化，使欣赏者所看到的风景因时因地改变着，促使欣赏者将无比多样的美的信息协同起来，极大地丰富审美感受。

四、自然美的审美意义

1. 丰富精神生活，培养高尚情操

大自然是人类的身心栖息之所。在紧张的学习、工作之余，投入到大自然的怀抱，呼吸清新的空气，享受温暖的阳光，观赏桃红柳绿，谛听鸟鸣泉流，会使我们身心愉悦，真切地感受到生活的美好。大自然的真实、优美、生机盎然，能激发我们的生活热情，让我们产生返璞归真的冲动。清澈的流水能洗涤我们的灵魂，无边的大海能开阔我们的胸襟，巍巍高山能培育我们坚毅、温厚的性格。大自然不仅可以舒畅心胸，还可以陶冶性情，砥砺品行。

• 品美沙龙

水之经典

肖复兴

世上丽水秀水晶莹之水清澈之水恢宏之水浩瀚之水，多的是，在我看来，最富性格，最值得一看的是这两处：都江堰和九寨沟。

看都江堰的水，看的是强悍奔腾的水如何层层叠叠化为生命的涓涓细流。飞奔如兽、桀骜不驯的岷江水，经过都江堰，立刻将仰天长啸变为喃喃细吟，将浪涛如山变为珍珠四溢，将凶猛如火变为柔情万缕……出宝瓶口（见图6-15）流入内江，立刻呈现一派水光潋滟的情景，让人叹为观止。看到水的柔劲、可塑和万难不屈、长流不懈的生命活力，那是一种将绚烂归于平淡，将刚劲寓于柔顺，将一时融于永恒的生命。

都江堰看水，看的是水如何从天上流入人间，如何从神话流入现实，如何将自己化为一种哺育人类、灌溉庄园的生命。

都江堰的水，是一种入世的现实的水。

图6-15 都江堰宝瓶口

九寨沟（见图6-16）看水，看的是宁静的恬淡的水，如何凝聚成生命的湖泊。镜海、长海、珍珠滩……每一个湖泊都是那样清澄透明、纤尘不染。孔雀蓝的蓝色，蓝得让人心醉，让人如同看到教堂洗礼用的圣洁露水，如同听到教堂里管风琴演奏的圣母颂，而不敢有丝毫杂念俗念，懂得并真正地看到人世间居然有纯洁美好真诚和透彻明净，就在这儿远避尘嚣而静静地存在。

那水几乎一动不动，任外面的世界如何纷繁变幻，将污染、噪声连同人心泛起的种种污浊的泡沫一起抛向天空和大地。它独自坚持着自己的贞操，不动丝毫涟漪，不染丝毫尘俗，将水底的虬枝沉木、水藻水绵，将天上的薄云丽日、山岚清风，将身旁的雪峰幽谷、古树老藤……一一映在自己的怀中，映得那么明净、幽深、清冽。因为有它的洗涤，所有这一切，都显得比本身还要美得清纯与洁净。如同脱胎换骨一般，玉洁冰清，重新塑造了自己一番。尘世沾惹的市侩庸俗、风骚矫情、浪声虚名、欲火利海……起码不敢在这里抖擞，而被这水洗却大半。

九寨沟看水，看的是水如何从人间流向天上，如何从现实流向神话，如何将自己化为一种启迪人类、净化心灵的艺术。

九寨沟的水，是一种出世的艺术的水。

图6-16　九寨沟

日本黑田孝高在《水五则》中的第一则说："自己活动，并能推动到人的，水。"第四则说："以自己的清洁，洗净他人的污浊，有容清纳浊的宽大度量的，是水。"前者，可以送给都江堰的水；后者，可以送给九寨沟的水。

如果说都江堰的水是男人，那么九寨沟的水是女人；如果说都江堰的水是母亲，那么九寨沟的水是爱人；如果说都江堰的水是爱人，那么九寨沟的水是情人。

九寨沟和都江堰是水之经典。

（原文有删改）

2. 增长自然知识，促进人们成长

在欣赏自然风光的过程中，我们会广泛地接触各种自然现象，了解各种地形地貌，认识众多的珍禽异兽，熟悉各种花草树木。大自然的熏陶有助于增长见识，活跃思维，开发智力，促进我们的成长。许多杰出人物的成长过程，都与投入大自然的怀抱密不可分。明代的徐霞客，一生几乎有一半时间是在"问奇于名山大川"中度过的，他把对自然景物的欣赏与对自然现象的科学考察结合起来，写出了"千古奇书"《徐霞客游记》。达尔文乘勘探船环球旅行 5 年，在动植物和地质等方面进行了大量的观察，写出了《物种起源》一书。在他看来，"再没有什么事情会比长途旅行更加能够使青年科学家得到进步了"。

3. 培养欣赏能力，促进文艺创作

欣赏大自然，可以培养我们对自然的审美感受力，培养我们的多种生活情趣，如绘画、摄影、写作等。大自然是文艺创作永不枯竭的源头活水。古今中外的许多文学家、艺术家都酷爱大自然，并从中获得创作灵感，汲取创作素材，提高创作技法。唐代书法家李阳冰"以自然为师"，"于天地山川日月星辰云霞草木文物衣冠须眉口鼻虫鱼禽兽骨角齿牙，皆有所得"；清代画家石涛"搜尽奇峰打草稿"；《蒙娜丽莎》那具有千古魅力的"谜一般的微笑"，就是达·芬奇从湖水涟漪中获得的启示；贝多芬的许多乐曲，都是在田间散步或坐在树根上欣赏田园风光时构思而成的。

4. 激发民族自豪感，培养生态文明意识

我们的祖国地大物博，江山多娇，我们深情地称之为母亲。华夏大地的山川，是母亲身上的肌理；神州万里的风物，是母亲身上的肤色。我们生于斯、长于斯，当我们在名山大川之中流连忘返，胸中怎能不涌动起强烈的民族自豪感呢？天地先于人类而产生，自然是人类栖居之所。习近平说："对人的生存来说，金山银山固然重要，但绿水青山是人民幸福生活的重要内容，是金钱不能代替的。"欣赏自然美，培养人与自然和谐共生的生态文明意识，把建设美丽中国化为自觉行动。

- **课后活动**

1. 观察你所在小区或校园里的景物，描述它不同时令、不同天气条件下的特点，以及从不同角度观察所呈现的特点。

2. 党的十九大报告指出，人与自然是生命共同体，人类必须尊重自然、顺应自然、保护自然。请以人与自然和谐共生为主题，拍摄一张或一组照片，给它们取一个简洁而有创意的标题，在班级里搞一次展览。

第七课　社会美的欣赏

- 社会美存在于哪些领域？主要包括哪些方面？
- 如何欣赏人物美、生产劳动美、日常生活美、社会变革美？
- 社会美的审美意义何在？

社会美是指社会生活领域中的人物、事物、现象、活动等的美。社会美与现实生活紧密联系，具有普遍的价值和意义。从生产劳动到日常生活，从生存环境到社会环境，从物质世界到精神世界，社会美存在于社会生活的各个领域。

一、人物美

人是社会生活的核心。没有人的实践活动，整个社会大厦就会坍塌，也就根本谈不上有什么社会美。所以，人物美在社会美中居于核心位置。人是外表和内在的统一，所以人物美也包括人体美、人格美两个方面。

1. 人体美

自从人类摆脱野蛮走向文明，美的人体便一直是人类重要的审美对象。人体既是自然选择的结果，又是人类在劳动实践中不断进化的产物，因此，人体美是自然性和社会性的统一。人体美主要是指人的形貌美、风姿美。

（1）形貌美

人的形貌美主要包括容貌、身材、肌肤、头发等方面的美。这里侧重讲容貌和身材的美。美的形貌，首先必须是健康、敏捷、充满活力的，能显示出人的自由本质和内在潜力。美的形貌，还必须是匀称的，即符合比例、对称、均衡、和谐等形式美的规则。躯体比例协调，骨骼发育正常，肌肉饱满而富有弹性，皮下脂肪适当，五官端正，身体具备正常的生理线条和灵活自如的活动能力，这些都是人体美的基本标准。

● **知识链接**

人体美中的比例法则

在人体美中，比例等形式因素起到很大的作用。就脸型而言，从近代以来的审美标准看，“瓜子脸”（见图 7-1）是较美的一种脸型。从比例来看，最美的瓜子脸的长宽比例是 34 ： 21，增之一分则太长，减之一分则太短。就身高来看，黄金比例的身材是较美的。身材的黄金比例，是指肚脐处在身高的黄金分割点，膝盖骨处在下肢的黄金分割点。正因为这样，人们早就开始有意把下身加长。在我国明代率先出现了“高底弓鞋”。15 世纪时，法国宫廷出现了高跟鞋，从那以后，高跟鞋的形式虽有所变化，但经久不衰。在芭蕾舞艺术中，舞蹈演员立起脚尖使下身拉长了很多（见图 7-2），这样他们的身材就更符合黄金比例了。

图 7-1　瓜子脸

图 7-2　芭蕾舞立姿

由于性别不同，男性和女性的形貌美又各有另外一些标准，比如男性要求胸部宽阔厚实，肌肉发达强壮，四肢结实有力等；女性要求胸部丰满，腹部扁平，腰部细而结实，侧视有明显曲线等。此外，由于时代不同、民族不同、种族不同，人们对男性与女性形貌美的标准也有所不同。

图 7-3《米洛斯的维纳斯》

• 品美沙龙

人体美蕴含着自然生命的活力。人的体形、线条、肤色等都能显示感性生命的美。古希腊人十分推崇人体美，从亚历山德罗斯的大理石雕像《米洛斯的维纳斯》（见图 7-3）这件作品中，我们可以感受到古希腊人对人体美的推崇。

（2）风姿美

风姿美，即姿态与风度美。姿态美，是身体各部分协调配合所展现出来的动态的美，能充分展现人的生命活力。动作自然协调，富有节奏感，行动敏捷从容，姿态大方自如，都能给人以美感；相反，忸怩作态或者动作迟缓等，是不能给人以美感的。风度美是人的修饰打扮、言谈举止、表情神态等方面所体现出来的一种综合的美，是人的精神境界、道德情操、文化修养、个性特征、生活习惯等内在美的外在表现。在现实生活中，不同的人所养成的风度是有差异的：有的人沉着冷静，从容不迫；有的人举止翩翩，潇洒大方；有的人温文尔雅，礼貌周到；有的人粗犷豪放，不拘小节。这些都可称为各具特色的风度美。

风姿美是一个人在长期的生活中自觉不自觉地养成的，与其思想道德、文化修养等密切相关，因此，它也涉及人格美的某些因素。

● 思考与交流

联系实际，说说生活中有哪些个人以为潇洒的行为姿态，实际是丑的、没有美感的。

上面所说的是有关人体美的一般标准。由于人体美又具有社会性，所以必然带有深深的社会、历史痕迹，不同时代、不同民族，以及不同的欣赏个体，在人体美的标准上又存在着一些差异。

2. 人格美

人格美，又称为内在美，指人的内在品格和素质的美。它涉及人的内在世界的所有方面，包括理想、信念、道德、情操、学识、修养、性格、气质等，通过人的语言、行为和神态等表现出来。

（1）理想信念美

理想信念是人们对未来社会和自身发展的向往和追求，是人们的世界观、人生观和价值观在奋斗目标上的集中体现。具有崇高理想的人胸怀人类未来幸福生活的图景，这种理想集中反映了真和善，体现了社会发展的客观规律和全人类的利益。因而，在他们的精神世界和现实行动中一直闪现着理想的光辉，具有独特的美感。

● 思考与交流

从古至今，我国涌现出了许许多多具有崇高理想和坚定信念的人。说说下列名言表现了人物怎样的精神和人格魅力。

名言	人物的精神和人格魅力
路曼曼其修远兮，吾将上下而求索。（屈原《离骚》）	
老骥伏枥，志在千里；烈士暮年，壮心不已。（曹操《龟虽寿》）	

续表

名言	人物的精神和人格魅力
面壁十年图破壁，难酬蹈海亦英雄。（周恩来《临别书赠张鸿诰》）	
不治服风沙，就让风沙把我埋掉。（谷文昌）	

（2）道德情操美

从本质上讲，道德情操美是“善”。它体现历史前进的方向，符合人民群众的利益和愿望，是人类自由创造和自由发展所应具备的内在品质。高尚的品德和情操是人格美的重要内容。中华美德涵盖面极广，涉及爱国、修身、立志、处世等许多方面，包括孝敬父母、尊师重道、团结友爱、立志勤学、自强不息、谦虚礼貌、诚实守信、严己宽人、知荣辨耻、见义勇为、求索创新、勤劳节俭、见利思义、敬业尽责、清正廉洁、爱国爱民、天下为公等内容。这些理想的品格，一旦通过人的言谈举止和实践活动显示出来，就具有极高的审美价值，能唤起人们的崇敬之情。

● 思考与交流

一段时期以来，“最美教师”“最美战士”“最美妈妈”“最美护士”“最美逆行者（见图7-4）”等人物事迹在各类媒体上频繁涌现。一个个“最美”传承了中华民族传统美德，实践着社会主义核心价值观。你能讲述哪些“最美”的故事？在我们身边还有哪些“最美”的平民英雄？

图 7-4　最美逆行者

（3）智慧与文化修养美

有人说："智慧是人类最美的花朵。"智慧美是指人拥有聪明的头脑、丰富的学识和睿智的眼光。人与动物有一个很重要的区别就是，人拥有智慧，能够认识和改造世界，具有主观能动性和创造力。人类在社会实践领域的每一次探究和每一个进步，都会使人类对其所生存世界的认知更加深入和真切，因而智慧美的主要特质即"求真"。由于这种探究在深度和广度上的无限性，"真知"在不断深化更新，所以智慧美的另一特质是"求新"。与智慧美密切相关的是人的文化修养美。荀子说："君子之学也，以美其身。"知识可以丰富人的内心世界，拓展人的视野，启迪人的思维，陶冶人的情操，使人变得聪明睿智，有教养有理智。"腹有诗书气自华"，不断求知，提高文化修养，对于人格美的塑造非常重要。

• 思考与交流

阅读下面这段文字，谈谈你对居里夫人①（见图7-5）美的理解和认识。

德国科学家伦琴发现了X光，这是人工放射性；1896年5月，法国科学家贝克勒尔发现铀盐可以使胶片感光，这是天然放射性。这都还是偶然的发现，居里夫人却立即提出了一个新问题，其他物质有没有放射性？物质世界里是不是还有另一块全新的领域？别人在海滩上捡到一个贝壳，她却要研究一下这贝壳是怎样生、怎样长，怎样被冲到海滩上来的。别人摸瓜她寻藤，别人摘叶她问根。是她提出了"放射性"这个词。两年后，她发现了钋，接着发现了镭，冰山露出了一角。为了提炼纯净的镭，居里夫妇搞到一吨可能含镭的工业废渣。他们在院子里支起了一口大锅，一锅一锅地进行冶炼，然后再送到化验室溶解、沉淀、分析。而所谓化验室是一个废弃的、曾停放解剖用尸体的破棚子。玛丽终日在烟熏火燎中搅拌着锅里的矿渣。她衣裙上、

图7-5 居里夫人

① 居里夫人（1867—1934），法国物理学家、化学家，常被称为"玛丽·居里"。下文中的"居里夫妇"指的是她和她的丈夫——法国物理学家皮埃尔·居里。

双手上，留下了酸碱的点点烧痕。一天，疲劳之极，玛丽揉着酸痛的后腰，隔着满桌的试管、量杯问皮埃尔："你说这镭会是什么样子？"皮埃尔说："我只是希望它有美丽的颜色。"终于，经过三年又九个月，他们在成吨的矿渣中提炼出了0.1克镭。它真的有极美丽的颜色，在幽暗的破木棚里发出略带蓝色的荧光。它还会自动放热，一小时放出的热能融化等重的冰块。

（节选自梁衡《跨越百年的美丽》，有删改）

（4）性格与气质美

性格是指表现在人的态度和行为上的相对稳定的心理特征。一般来说，乐观、果断、坚定、有韧性、勇敢等是良好的性格，也就是说这些性格的外在表现是美的。之所以如此，是因为这些性格是正面的、积极的，是人的自由创造的本质力量的反映。人类的生存环境常常充满危险，实践活动往往面临挑战和考验，良好的性格可以作为一种精神力量，帮助一个人战胜险恶、取得成就。另外，良好的性格在态度和行为上表现出来，容易感染和打动他人。气质是人在心理活动和外部动作中所表现出来的有关速度、稳定性、灵活性等方面的特性。一般来说，良好的气质往往显示出热情、朝气、积极性、主动性的特性，从而具有审美价值。

思考与交流

说说下列诗词表现了人物怎样的性格、气度。

诗词	性格、气度
醉卧沙场君莫笑，古来征战几人回。（王翰《凉州词》）	
天子呼来不上船，自称臣是酒中仙。（杜甫《饮中八仙歌》）	
羽扇纶巾，谈笑间，樯橹灰飞烟灭。（苏轼《念奴娇·赤壁怀古》）	
闲静时如姣花照水，行动处似弱柳扶风。（曹雪芹《红楼梦》）	
指点江山，激扬文字，粪土当年万户侯。（毛泽东《沁园春·长沙》）	

人格美包括内容和形式两个方面。理想信念、道德情操、智慧与文化修养、性格与气质，是人格美的内容，但如果它们只存在于心而未通过人的言行、表情等表现出来，就只是抽象的东西，不能引起人们的审美欣赏。所以美的人格必须还要有外在的表现形式，即自然的表情、语言、行为等。

3. 人体美与人格美的关系

人体美和人格美是两个不同方面的美，性质上有着明显的差异。但二者又存在着一定的联系。首先，它们作为肉体和灵魂两个方面的美统一于人，都属于人本身的美。其次，人体美在一定程度上显现出人格美，如优雅自如的步伐能显示出良好的修养；而人格美也在一定程度上依附于人的外在形体，如人的表情、语言及动作行为等。但是，人体美与人格美并不是互为表里的关系。人体、人格都美的人固然存在，但人体美而人格不美或者人格美而人体不美的人却大量存在。那么，如何看待人体美和人格美的关系呢？

首先应该重视人体美。如果形貌是美的，可以通过服饰等加以突出；如果形貌不够美，则可以通过健身、化妆等加以改善。但是，在人体美与人格美的天平上，我们更应看重人格美。荀子说过："形相虽恶而心术善，无害为君子也；形相虽善而心术恶，无害为小人也。"对别人，不可以以貌取人；对自己，要注重思想淬炼和文化修养。那种因自己形貌有不足而自暴自弃的行为是不足取的；同样，因自己的相貌美而沾沾自喜，忽视道德品质和知识才能的培养的做法也是不足取的。当然，我们的理想是在注重人格美的前提下追求人体美，尽可能做到两个方面都是美的。

- **思考与交流**

雨果在《巴黎圣母院》中塑造了4个具有代表性的人物形象：吉卜赛女郎爱斯梅拉尔德长得美丽，内心善良；敲钟人卡西莫多外貌奇丑，但心地善良；卫队长菲比斯外表英俊，但内心丑恶；副主教克洛德外形丑恶，内心也丑恶。结合这些人物形象，谈谈你对人体美与人格美关系的理解。

二、生产劳动美

生产劳动是人类最基本的实践活动，也是人们获得审美愉悦的重要来源。随着人类社会的进步，在当今物质条件下，劳动不再只是谋生的手段，也是人类自主性、创造性的重要表现方式。人们比以往任何时候都更深刻地感受到劳动本身的美，包括劳动过程、劳动环境、劳动工具、劳动组织、劳动产品、劳动成果以及劳动主体——劳动者自身的美。

1. 劳动者的美

人是劳动主体。劳动主体美是人在生产劳动中表现出来的美。人作为劳动主体，既是物质财富的生产者，又是美的创造者。劳动主体美主要表现为劳动者在生产劳动中具有健康的体质、熟练的技艺和高尚的职业道德。

图 7-6　劳动最美丽

2. 劳动工具的美

作为审美的对象，劳动工具的美主要体现在外观和功能两个方面。劳动工具外表的美观，如造型、结构、色彩、光泽等，能够使劳动者感到愉悦。但劳动工具的审美价值，主要不在于它的外观，而在于它的实用功能，在于它操作便利，能够提高劳动效率。因此，欣赏劳动工具的美，不能只依靠视觉、听觉，还需要依靠触觉等，它是一种在使用劳动工具过程中的欣赏行为，是一种离不开实际操作的审美活动。

3. 劳动环境的美

劳动环境由劳动场地、室内装饰、服务设施、照明、环境卫生、工作节奏等构成。美的劳动环境能消除或减轻劳动者的疲劳感、紧张感和不安全感，使劳动者的精神获得自由，从而专注于劳动，并感到劳动的愉快，最终提高劳动效率。因此，劳动环境的美，实质上是通过有形的、感性的形式，使劳动者从物的压迫中解放出来，使劳动真正成为劳动者的需要（包括精神需要），进而使劳动者能够在劳动中充分释放创造的潜能。

4. 劳动过程的美

劳动过程是人们改造和利用自然，从自然获取物质生活资料的过程。自由的、富有创造性的劳动能给劳动者以审美享受。首先，劳动过程作为劳动者的智力和体力的活动过程，作为机体运动的一种方式，能够使劳动者的潜力得到发挥，使劳动者本身获得一种生命自由和意义；其次，劳动过程通常以获得预定的劳动成果而结束，能使劳动者得到实现目的的喜悦与满足；再次，劳动者在劳动过程中不断积累经验，掌握技巧，逐步寻找到改造和利用自然的规律，并运用于生产实践，从而感受到创造天性得到自由发挥的自足和愉悦。因此，从本质上讲，劳动过程的美是一种自由创造的美。

不仅劳动者本人能从自由创造中体验到劳动过程的美，旁观者也能从其劳动场面中感受到劳动过程的美。农田里热火朝天的收割场面，流水线前娴熟的操作动作，建设工地推土机来回运转的场景，火箭升天直入九霄的画面，等等，都会使人感到振奋，得到鼓舞。生活中许多激动人心的劳动场面，为文学、摄影、影视等艺术创作提供了取之不尽的素材。

● 思考与交流

阅读吴伯箫《记一辆纺车》中的两段文字，说说纺线的过程有哪些美。

纺线，劳动量并不太小，纺久了会腰酸胳膊疼；不过在刻苦学习和紧张工作的间隙里纺线，除了经济上对敌斗争的意义而外，也是一种很有兴趣的生活。纺线的时候，眼看着匀净的毛线或者棉纱从拇指和食指之间的毛卷里或者棉条里抽出来，又细又长，连绵不断，简直有艺术创作的快感。摇动的车轮，旋转的锭子，争着发出嗡嗡、嘤嘤的声音，像演奏弦乐，像轻轻地唱歌。那有节奏的乐音和歌声是和谐的，优美的。

……熟练的纺手趁着一线灯光或者朦胧的月色也能摇车、抽线、上线，一切做得从容自如。线绕在锭子上，线穗子一层一层加大，直到大得沉甸甸的，像成熟了的肥桃。从锭子上取下穗子，也像从果树上摘下果实，劳动以后收获的愉快，那是任何物质享受都不能比拟的。这个时候，就连起初生过纺车的气的人也对纺车产生了感情。那种感情，是凯旋的骑士对战马的感情，是“仰手接飞猱，俯身散马蹄”的射手对良弓的感情。

5. 劳动产品的美

劳动产品的美是凝结在劳动成果上的人类智慧、才能和创造力的外在显现。生产劳动不仅为人们提供了物质产品，也提供了审美对象。劳动产品的美，是由功能美和形式美两个方面构成的。从劳动产品的功能方面来说，要求材料适当，功能结构合理，加工方法科学，从而组成一个和谐的整体，以便人们在使用时发挥其功能效用。从劳动产品的形式美方面来说，要求劳动产品在满足功能效用的同时，还要满足人们的感官需要。劳动产品的外观，如造型、色泽、质感、声音、气味以及外部包装等的赏心悦目，能给人们以享受和满足，体现出审美的价值。功能美和形式美的完美统一，是劳动产品美的最高境界。

三、日常生活美

日常生活美，是指在人的衣、食、住、行等日常生活中产生和存在的美，主要包括服饰美、饮食美、居住环境美和人际关系美等。

1. 服饰美

服饰美指人的衣着打扮的美，涉及服装、鞋帽等方面的美化问题。服饰美依附于人体的装饰性造型艺术，它以人体为依托，服务于人体，美化着人体。服饰美的基本要求是称体、合时、从俗、适性。

称体，就是追求服饰与人体的协调、和谐。人体的整体美是由比例适当的五官、匀称的身材和光润的皮肤等构成的，称体就是要求服饰的质料、色泽、款式等与人的身材、肤色乃至气质、状态相适应、相协调。不少人在身材等方面有一些不足，称体的服饰能扬长避短，使美者更美，“丑”者变美，从而显示出人体的整体美。

合时，就是要求服饰与自然保持和谐。一年有春夏秋冬，一日有早中晚夜，天有阴晴雨雪，服饰美要顺应自然变化的规律，与大自然保持和谐。

从俗，就是要求服饰与社会生活环境、民情习俗保持和谐。人在选择着装时并非随心所欲，也受到特定群体的审美观点、审美理想的制约。

适性，就是要求服饰与人的个性、情趣保持和谐。服饰不仅是一个民族文化的表征，也是一个人思想的外在表现，它可以传达出穿戴者的职业角色、文化修养和人格气质等。

● **思考与交流**

随着经济社会的发展和人民生活水平的提高，穿衣不但为了避寒保暖，而且为了彰显自身的气质、品位和生活态度。联系实际，谈谈你对服饰美的理解。

2. 饮食美

饮食美是指食物、食器、食境及饮食活动中的礼仪的美。

食物美，美在色、香、味、形等方面。饮食首先要满足人体对各种营养的需要，同时还要色、香、味、形俱佳。中华美食，源远流长，兼具食用与审美的双重属性。

食器美。美食还须美器盛，中国人历来讲究食器的质地、造型、图案、色彩。美器不仅可以衬托美食之美，还起着渲染宴席气氛、展示主人社会地位和文化修养的作用。

食境美，即饮食环境的美。舒适、整洁、美观、雅致的饮食环境，不但其美感与美食相呼应，使人更好地欣赏饮食之美，而且其格调、氛围能够充分显示出食者的气质、修养，折射出时代的印记和民族的特色。

食仪美，即饮食活动中节奏、风度、礼仪的美。首先是要食态端庄，文明进食；其次是要谦让，进食时有序有礼；最后是要惜食缓食，注重健康，不可浪费。举措有度，才能体现饮食文明。在现代社会，饮食不只是为了果腹，还具有情感满足和文化陶冶的意味。

思考与交流

中国饮食文化历史悠久，博大精深。阅读下列语句，先理解大意，然后品味其所体现的饮食美。

1. 侍食于长者，主人亲馈，则拜而食，主人不亲馈，则不拜而食。(《礼记·曲礼》)

2. 杭人侈甚，百端呼索取覆，或热，或冷，或温，或绝冷，精浇熬烧，呼客随意索唤。(吴自牧《梦粱录》)

3. 大茶坊张挂名人书画，在京师只熟食店挂画，所以消遣久待也。今茶坊皆然。(耐得翁《都城纪胜》)

4. 古玉及古窑器上，犀、玛瑙次，近代上好瓷又次。黄白金叵罗下，螺形锐底数曲者最下。(袁宏道《觞政》)

5. 佳肴到目、到鼻，色臭便有不同。或净若秋云，或艳如琥珀，其芬芳之气亦扑鼻而来，不必齿决之、舌尝之，而后知其妙也。(袁枚《随园食单》)

图 7-7 佳肴

3. 居住环境美

居住环境美也是日常生活美的重要内容。居住环境有大环境和小环境之分。所谓大环境，是指社会物质生活环境，涉及城市的布局，农田、牧场的规划等。城市布局合理，街道整洁，交通方便，空气清新，有绿树、草地以及雕塑、喷泉、霓虹灯等的美化，有助于减轻或消除人们工作的疲劳，使人们的精神保持愉快，从而感受到生活的美好。所谓小环境，主要是指家庭物质生活环境，涉及庭院布局、居室布置等。庭院整洁而幽静，居室舒适而优雅，能使人身心舒畅；相反，如果处在肮脏、拥挤、污染严重的周边环境中，处在杂乱、阴暗、狭小的家居环境中，人们的身心会受到伤害，不仅不能感受到生活的美好，反而容易产生厌倦、消极的情绪。

• 知识链接

居住环境成为“第二自然”

居住环境美是劳动创造的产物，是人们美化的结果。随着社会实践的发展，经过一代又一代人的不懈努力，人类的物质生活逐步摆脱自然的威胁和束缚，朝着富足的方向发展。在这个过程中，人们逐步营造出安全、舒适的生存空间，创造出“第二自然”。以民居为例，从山顶洞人的天然洞穴到半坡氏族的尖顶棚房，从草房到瓦房，从平房到楼房，从平层到复式，从私家别墅到空中花园，人类从未停止对理想居住环境的向往和追求。美的居住环境作为劳动成果，作为人与自然和谐相处的生存空间，充分体现了人的自由创造的本质力量。

图 7-8　优美的居住环境

4. 人际关系美

人要生活就要交往，在交往过程中便形成种种人际关系，比如父子、夫妻、同事、朋友、师生等关系。人际关系是人们不可脱离的一种关系。只有生活在和谐的人际关系中，人们才会心情舒畅，精神愉快。人际关系的美，表现为社会、家庭成员之间充满平等、尊重、真诚、信任、关爱、宽容、谦让等。

作为审美对象，人际关系的美不是概念或训条，它具体地表现在人们的言语、行为上，如礼貌待人、互敬互爱、信守诺言。人际关系的美联结着伦理道德，反映着人品修养，是精神文明在人际关系中的外在显现。

四、社会变革美

人类社会发展的历史，不仅是认识和改造自然的历史，也是认识和改造社会的历史。一直以来，人们为追求自由、平等、文明、进步的理想社会，追求安定和谐的社会秩序，不断进行着各种变革。社会变革包括非暴力（即社会改革）和暴力（即革命斗争）两种形式，内容涉及政治、经济、思想、文化、军事等各个方面。社会变革通过全面或局部消除社会发展中不合理、不协调、不和谐的因素来推动历史进步，促进社会进步。必要的社会变革体现了人民群众的愿望，代表着历史发展的方向，最大限度地体现了人民群众改天换地的勇气和力量，具有十分重要的意义。

1. 社会改革美

社会改革包括改良和改革两种形式。改革是打破旧有框架，破除一切积弊，在新的基础上重新开始建设，其特点是大刀阔斧，伤筋动骨，破旧立新；改良则是在维持旧有的秩序和规则，保持核心框架不变的情况下，进行制度优化和适度创新，其手段是温和的，可以使新的纲领在阻力较小的情况下得以实施。无论是大刀阔斧的改革，还是局部完善的改良，都包含着创新的因素，是一种历史的进步，因而具有美感。

进行社会改革不仅要有超人的智慧，而且要有不惧风险、不畏干扰的勇气。在历史上，社会改革运动常常会受到保守、顽固势力的反对、阻挠，甚至需要付出流血的代价，因而这种改革运动，愈发显得可贵。战国时期，赵武灵王顶住保守势力的重重压力，推行胡服骑射，改革军事装备和作战方式，使赵国成为战国时期的军事强国。秦孝公任用商鞅变法，废井田、重农桑、奖军功，使秦国的经济和军事实力得到发展，成为战国后期最富强的国家。近代史上，康有为、梁启超等人发起了维新运动，虽然最终失败了，但他们主张学习西方，提倡科学文化，改革弊政，发展经济，改易风俗，符合历史发展要求。最具有史诗色彩的社会改革，当属 20 世纪 70 年代后期起中国共产党领导的改革开放。改革开放从农村到城市，从沿海到内地，从经济体制到政治体制，气势宏伟，波澜壮阔，展示了中华民族想要实现伟大复兴的雄心壮志。

● **思考与交流**

2018 年是我国改革开放 40 周年。为大力弘扬以改革创新为核心的时代精神，引导全社会致敬模范人物，党中央、国务院表彰了 100 名为改革开放事业作出杰出贡献的个人，授予他们“改革先锋”称号，颁授“改革先锋”奖章。试从中选取你熟悉的人物，简介其事迹，感受其改革创新精神。

2. 革命斗争美

革命斗争包括阶级斗争和民族解放斗争两种形式。自从私有制产生以后，由于阶级剥削和压迫的存在，阶级之间的对立和对抗从来没有停止过。阶级斗争是改变社会关系、推动社会进步的动力。人民群众和革命先辈为实现自己的理想而斗争的过程是美的。即使斗争失败，革命者付出了流血牺牲，其壮举也是美的。方志敏的视死如归，夏明翰的大义凛然，江竹筠的坚贞不屈等，反映了革命者殒身不恤的大无畏气概，使人情绪激昂，激励人们为追求自由、平等、美好的理想社会而继续奋斗。

人民群众不畏强暴，追求民族自由、独立的斗争，也具有壮美的色彩。明代后期，戚继光横戈马上，征战 10 余年，扫平了肆虐沿海多年的倭患；清朝道光年间，林则徐虎门销烟，“誓与此事相始终”，坚决捍卫中华民族的利益；民国初年，顾维钧出席巴黎和会，拒绝签订和约，第一次对西方列强说“不”，表现了受屈辱民族捍卫尊严的坚强决心；1931 年，日本法西斯入侵我国，铁蹄践踏之下的华夏大地，群山低首，江河呜咽，中国人民奋起抗击，演绎了一幕幕壮烈的抗敌场面。无数英雄人物涌现，表现出崇高的民族气概。每每回首，总让人心潮澎湃，顿生景仰之情。

● 品美沙龙

品读下面两首诗，了解人物事迹，感受革命志士为国家、为民族、为人民无私无畏英勇斗争的壮美与崇高。

我的自白书

陈然

任脚下响着沉重的铁镣，

任你把皮鞭举得高高；

我不需要什么“自白”，

哪怕胸口对着带血的刺刀！

人，不能低下高贵的头，

只有怕死鬼才乞求“自由”；

毒刑拷打算得了什么？

死亡也无法叫我开口！

对着死亡我放声大笑，

魔鬼的宫殿在笑声中动摇；

这就是我——

一个共产党员的自白，

高唱凯歌埋葬蒋家王朝。

水调歌头

赵尚志

林海雪原上，星月冷刀枪。任凭几度风起，猎猎大旗扬。不悔征程坎坷，无憾年华舛错，默默对松江。忍辱淡生死，负重卫家邦。

百余战，仇未泯，恨犹长。抛头洒血，浇我国土不彷徨。江水悲歌未没，甲子匆匆已过，小丑又跳梁。莫忘枕戈睡，休教鬼猖狂。

五、社会美的审美意义

社会美包括社会生活中各种事物和现象的美。

人物美是人的内在美与外在美的有机统一。内在美主要包括理想信念美、道德情操美、智慧与文化修养美等；外在美主要包括人体美等。从审美角度看，人物美是人的内在品质通过外在形式表现出来的内外结合的整体美。欣赏人物美，能培育求真、向善、爱“美”的观念，促进人的自我完善与发展。

生产劳动美是人们在生产劳动中形成和表现出来的美。生产劳动美的审美意义主要有两个方面：其一，启示我们要以主人翁的态度对待生产劳动，将生产劳动由谋生的手段转化为“乐生”的需要；其二，启示我们文明组织生产，优化生产劳动组合，改善生产劳动条件，美化生产劳动环境，充分显示生产劳动过程中的美，使生产劳动真正成为“美的劳动”。

日常生活的美具有普遍性。日常生活美的审美意义在于：培养人们热爱生活的情感和积极向上的态度，激励人们创造社会物质文明和精神文明，促使人们朝着理想、和谐、完美的方向发展。

必要的社会变革追求的是自由、平等、文明、进步的理想社会和安定和谐的社会生活秩序，它反映了历史发展的必然趋势和广大人民群众的根本愿望，既是伟大的真，也是高尚的善，又是无比的美。它能使我们的精神受到感染，鼓舞我们立志高远，百折不挠，激励我们向往和追求美好、幸福的生活。

总之，感知、体验和审视社会生活中的美，积极培育和践行社会主义核心价值观，可以使我们深刻认识人的智慧、力量、勇气及种种美德，看清社会历史发展的方向，从而坚定文明、进步、富强必然代替愚昧、贫穷、落后，真、美、善必然战胜假、丑、恶的信念，为实现社会主义现代化和中华民族伟大复兴而勤奋学习，努力工作。

• 课后活动

1.围绕下列话题开展讨论。

（1）社会主义核心价值观与社会美的关系。

（2）构建美好人际关系。

2.选择以下一项创作作品，并通过新媒体进行展示。

（1）以“梦想照我前行”为主题，自拟题目，写一篇作文，表达自己的职业梦、青春梦。要表达真情实感，不说套话、空话、假话，不少于800字。

（2）以“奋斗的青春最美丽”为主题，用镜头记录青年身上所展现的奋斗精神和职业魅力，体会奋斗拼搏的价值。作品要展现对青年脚踏实地、不懈奋斗的赞美，体现对劳动创造幸福生活的诠释。

第八课　科学美的欣赏

- 科学美是否等同于自然事物的美？
- 科学美主要表现在哪些方面？
- 科学美有哪些审美意义？如何培养科学美感？

科学美指科学领域里存在的美。科学美是美的一种形态，它同自然美、社会美、技术美、艺术美相并列，并与之有着密切的联系。科学美与技术美的关系尤为密切，人们常将它们结合在一起进行研究，称之为科技美。

一、科学美是客观存在的

图 8-1　哥白尼

科学美是20世纪后期科学界和美学界提出的概念，但不少人对科学美是否存在持怀疑态度。到底有没有科学美，也许科学家本人的观点最具权威性。我们看看他们是怎么说的。

波兰天文学家哥白尼（见图 8-1）这样赞美天体的美："太阳在万物的中心统驭着。在这座最美神庙里，另外还有什么更好的地点能安置这个发光体，使它能一下子照亮整个宇宙呢？……事实上，太阳是坐在宝座上率领着它周围的星体家族……地球由于太阳而受孕，并通过太阳每年怀胎、结果。我们就是在这种布局里发现世界有一种美妙的和谐。"

图 8-2　门捷列夫

俄国化学家门捷列夫（见图 8-2）发现了化学元素周期律。各种化学元素按原子量顺序排列，上下左右呈现出美妙的周期、循环和节奏，以及极为和谐、对称、统一、多样的自然连贯性。化学元素周期表的研制是一项了不起的创造性工作，被当时的科学家们誉为"诗的创作"和"研究工作者的艺术"的完美结合。

图 8-3　爱因斯坦

20世纪初，爱因斯坦（见图 8-3）提出了狭义相对论，里面一个质能关系式 $E = mc^2$，意思是能量等于质量乘以真空中光速的平方。这个公式简明地揭示了宇宙中物质能量与质量的关系，被不少科学家称为物理学中最美的理论，物理学家玻恩说它"像个被人远远观赏的艺术作品"。

可见，在科学家的眼中，自然科学具有极大的魅力，给他们以极大的美的享受。正如德国博物学家海克尔所说："观察布满星斗的天空和一滴水中的显微生物，我们就会赞叹不止；研究运动物质中能的奇妙作用，我们就会满怀敬畏之情；崇拜宇宙中无所不包的实体定律的价值，我们就会肃然起敬——凡此种种，都是我们感情生活的组成部分，都与‘自然宗教’的概念相符。”

二、科学美的含义及特点

自然世界纷繁复杂，似乎杂乱无章，但实质上是有规律可循的。科学的目的就在于探索世界的奥秘，揭示世界的真相，反映世界的规律。就在这个求真的过程中，科学家发现了自然界中新奇的现象、潜在的规律，并运用科学理论、定律、公式等简洁明了地揭示和反映这些现象和规律。

“天地有大美而不言，四时有明法而不议，万物有成理而不说。”自然的内在设计是美的，因此，揭示自然现象和规律的科学理论、定律、公式都具有美的性质。科学美就是指自然界本身的美与和谐在实验和理论中的表现，它包括科学实验美和科学理论美。从性质上讲，科学美是一种反映美，是人类在探索、发现自然规律过程中所创造的成果或形式的美。

科学美又是一种诉诸理性的美。科学美虽然来源于自然，但它不是指大自然的美的景色，而是指潜藏在感性美背后的理性美，是为理智所能领悟的自然界内在结构所显示的和谐、有序、简单、统一的美，是审美者通过理解、想象、逻辑思维所体验到的美。可见，科学美是一种深层次的美。

● 思考与交流

阅读《向日葵花盘中的数学奥秘》，思考后面的问题。

向日葵是一种美丽的植物，在蓝天之下它们大大的黄色花盘非常醒目。但是，你有没有停下过脚步，细细观察这种特殊花朵中央的种子排列图案呢？

向日葵中心种子的排列图案（见图8-4）符合斐波那契数列（也就是1，2，3，5，8，13，21，34，55，89，144……，这个数列中，每个数字是前两个数字的总和）。在向日葵上面，这个数列以螺旋状从花盘中心开始体现出来，有两条曲线向相反方向延展，从中心开始一直延伸到花瓣，每颗种子都和这两条曲线形成特定的角度，放在一起就形成了螺旋形。

为了使花盘中的葵花子数量达到最多，大自然为向日葵选择了最佳的黄金数字。花盘中央的螺旋角度恰好是137.5度，十分精确，是黄金角度。两组螺旋（每个方向各有一个）清晰可见。葵花子数量恰恰也符合了黄金分割定律。

小小的向日葵中其实蕴含着深奥的知识。细细研究后才会发现，这些数学知识在向日葵花盘上体现出来后显得非常迷人。

图 8-4　向日葵种子的排列图案

问题 1：向日葵种子的排列有着怎样的规律？你还知道自然界中哪些动植物的形态中隐藏着这种规律？

问题 2：向日葵种子排列图案的美与一般意义上的自然美有着怎样的不同？

三、科学美的主要表现

科学美蕴含在科学研究之中，既体现在科学研究成果中，又体现在科学创造过程中。具体表现为：

1. 科学事实的新奇

世界充满奥秘，它吸引着那些向往它的人们去揭开神秘的面纱。每当人们叩开其中一道门、一扇窗，便有一片新奇的图景呈现在他们的面前。这番图景会让那些努力探索它的人们感到无比激动，无比惊奇。

德国天文学家开普勒指出，每一行星沿各自的椭圆轨道环绕太阳，而太阳则处在椭圆的一个焦点上（见图 8-5）。物理学家杨振宁说：“行星的轨道都是椭圆的，这是非常美的现象。当第一次发现这些轨道是完美的椭圆时，人们感到极大的喜悦。”

图 8-5　太阳系局部示意图

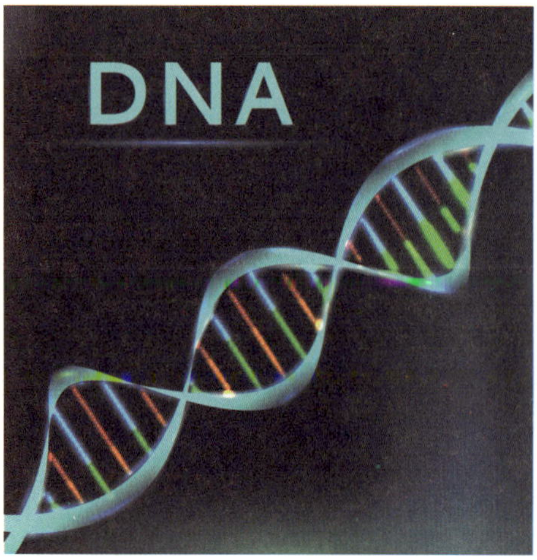

图 8-6　DNA 双螺旋示意图

在生命科学领域人们发现，数以亿计的生命信息，原来都储存在生物细胞内的脱氧核糖核酸（DNA）中，而 DNA 的双螺旋结构（见图 8-6）则是由 4 种包含不同类型碱基的脱氧核糖核苷酸构成的。4 种核苷酸竟支撑起地球上绚丽多彩的生命世界，这怎能不让人感到惊奇呢？

2. 科学对象的和谐

当科学家通过创造性的科研活动，揭开了世界的奥秘，呈现在他们面前的自然图景不但是新奇的，而且是和谐的，充满艺术美感。

图 8-7　银河系示意图

宇宙是一个有序的世界，人们在多年的观察中逐渐发现，宇宙的运转有着其独有的规律。哥白尼通过观测提出："宇宙里有一种奇妙的对称，轨道的大小与运动，都有一定的谐和关系。"开普勒也发现，尽管宇宙里星球之间的距离不等，但都按照一定的比例排列着，它们的运转和谐，似乎发出高低不同的音调，奏出悦耳的乐曲。

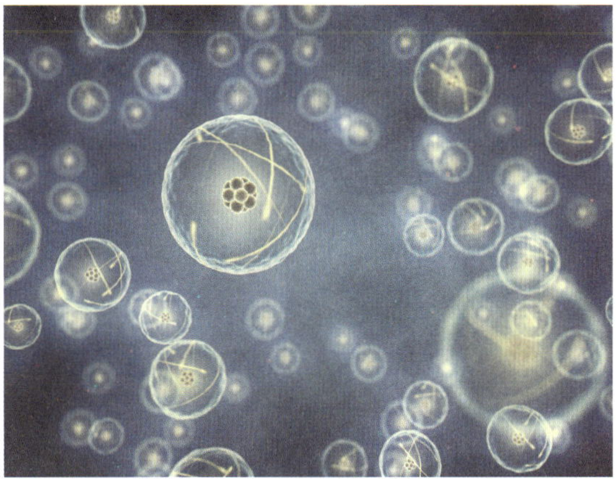
图 8-8　原子结构示意图

在微观世界亦是如此。物质由原子构成，原子由原子核（质子和中子）和核外电子构成（见图 8-8）。原子内部就像一个微型太阳系：原子核好比太阳，电子好比行星，它们按能量高低由里向外依次排布，并绕核高速运动。一切都显得那样地顺理成章，让人感到一种秩序美、统一美。其他如精巧奇妙的晶体结构、受激发的电子图案等，都能让科学家感受到世界内部的美丽与和谐。

3. 科学定律的简明

一团乱麻似的客观事实或现象是不美的，科学不会满足于对世界混沌表象的描述、对各种经验现象的罗列。事实分解或约化得越简单、越清晰，人们越能从总体上把握世界的规律，因此，那些能使人从无序中见出有序的简明的科学定律、科学公式便显现出鲜明的美感。

开普勒从前人和当时人的大量的凌乱的观察资料中，总结出了一条定律：所有行星的轨道的半长轴 a 的三次方和它的公转周期 T 的二次方的比值都相等，并用 $a^3/T^2=k$（k 为常数，k 与中心天体的质量有关）来表述，优美、简洁地揭示了天体运动的惊人的和谐。他的这个公式被人赞为奇妙的"2"和"3"。

牛顿的万有引力定律 $F=\frac{Gm_1m_2}{r^2}$，让引力 F、物质质量 m、物体间距离 r 三者关系一目了然。其他如爱因斯坦的质能关系式、普朗克的能量和频率的关系式、玻尔的电子壳层定律等，都是用极简明的公式表达了极为复杂的自然规律。

4．科学理论的缜密

在科学事实和科学定律的基础上，产生了科学理论。科学理论具有系统性和结构性，它总是与一定的逻辑推演及形式结构相联系，从而构成一个缜密的逻辑体系。一种科学理论如果能以尽可能少的基本假设，运用明晰而严密的逻辑工具推演出具有普遍深远含义的结论，得出简单、对称的方程和公式，做出精彩的科学预见，这种理论就会被科学家们称为美的典范。

古希腊数学家欧几里得的平面几何学，堪称科学理论体系美的典范。整个理论从 10 条公设和 10 条公理出发，演绎缜密而引人入胜，科学家们称它为“雄伟的结构”“巍峨的阶梯”，少年时代的爱因斯坦和罗素都曾将它作为神奇的艺术品来欣赏。

奥地利物理学家玻尔兹曼把英国物理学家麦克斯韦关于气体动力学的论文当作神奇壮美的交响乐来欣赏。物理学家费尔德认为爱因斯坦的理论“在优美、深邃和逻辑的合理性方面远远地超过了其他人”。

5．科学实验的精妙

科学实验也会使人感受到一种精妙的美，它包括实验指导思想的创造性、实验装置设计的新颖性，以及实验技术与操作过程中的艺术性诸因素。美的科学实验从设计到实施都让人感到严谨、准确、简洁、有序，富有艺术的韵律感。从美感效应来说，科学实验的巧妙和巨大成功，带给实验者的审美愉快不亚于完成了一件艺术杰作。

杰出的实验科学家常常被人称为实验艺术家。爱因斯坦曾惊叹迈克尔逊-莫雷实验“所使用的方法的精湛”和“实验本身的优美”。

德国物理学家维恩称赞俄国物理学家列别捷夫测量光压的实验是“极其美妙的”，甚至认为他实验技巧之高是别人难以企及的。

● 思考与交流

结合你学习数理化或专业课的体验，举出一两个例子，说说你对科学美某个方面表现（如简明、新奇、和谐、缜密）的审美感受。

四、科学美的审美意义

科学不仅推动了人类社会的进步，而且还以其特殊的美的意蕴，对人们的思想、情感产生了重要的影响。

1. 激励功能

科学美要通过对客观世界内在奥秘的揭示和精确的理论体系的建构来体现。作为审美对象，科学研究展示了人们在日常生活中无法领略到的奇异的美，吸引着更多的人为了深入把握世界的规律而投身到科学研究的事业中去。法国数学家彭加勒说："科学家研究自然，并非因为这样做有用处。他之所以研究它，是因为他从中能得到乐趣。他之所以能得到乐趣，那是因为它美。"

2. 启迪功能

科学美具有启发人的智慧和思维的作用。科学研究的目的在于揭示客观世界的规律，并建立起反映客观规律的理论体系。科学美所反映的客观世界的和谐与秩序，能使人获得一种深层的领悟。科学理论演绎严谨、缜密，表述精确、完备，能让人在一种深邃的美的感染下，触发思维的火花，提升智慧水平，从而帮助人们在新的探究活动中做得更全面、更深入、更精确。

3. 愉悦功能

科学美作为一种美的形态，同样能对人的精神和心灵起到愉悦作用，但其愉悦功能又有着特殊性。科学美所显现的固然是大自然的和谐之美，但它不是外在的、表层的、纯感官即可享受的美；而是内在的、深奥的、凭理智方可领会的美。正因如此，科学知识缺乏的人一般很难欣赏科学美，而科技工作者，尤其是杰出的科学家却能领悟到科学美的存在和魅力。因此，只有热爱自然，努力学习，掌握相关的科学知识，具备一定的科学修养，才有可能感受和领悟到科学美。

五、如何培养科学美感

1. 要理解科学基本概念和原理

科学美是抽象的，诉诸理性的。接触它，感知它，需要高度的理解力和想象力。从这个意义上说，科学美是人的创造力和理解力的产物。因此，只有理解科学的基本概念和原理，把握事物间的内在联系，才能感受到科学美。

2. 要有强烈的科学好奇心

阿西莫夫说："科学始于好奇。"科学好奇心，通常表现为探索人们所注意到的尚无令人满意的解释的事物或相互关系。所谓解释，就是寻求无明显联系的自然现象背后隐含的原理。这种强烈的愿望升华为科学好奇心，激励人们进行科学探索。

3. 注重培养科学审美意识

审美意识是人在长期审美实践活动中潜移默化形成的。我们在学习科学知识的过程中也要采取一种审美态度，不断积累对科学理论欣赏的审美经验，逐渐养成审美习惯。久而久之，这种审美习惯就可以发展成为审美意识，形成对于科学理论的美学敏感。

• 课后活动

1. 阅读下文《绿色植物的数学美》（有删改），回答后面的问题。

尽管植物姿态万千，但无论是花、叶和枝的分布都是十分对称、均衡和协调的。碧桃、蜡梅，它们的花都以五瓣数组成对称的辐射图案；向日葵花盘上果实排列、菠萝果实的分块以及冬小麦不断长出的分蘖，则是以对称螺旋的形式在空间展开。许许多多的花几乎也是完美无缺地表现出对称的形式。还有树木，有的呈塔状，有的为优美的圆锥形……植物形态的空间结构，既包含着生物美，也包含着数学美。

著名的数学家笛卡尔曾研究过花瓣和叶形的曲线，发现了现代数学中有名的"笛卡尔曲线"。辐射对称的花及螺旋排列的果，它们在数学上符合黄金分割的规律。小麦的分蘖，是围绕着圆柱形的茎按黄金分割的规律排列和展开的。三叶草和常春藤的叶片形状，也可以用三角函数方程来表示。

以叶子为例，叶子的排列是建立在能充分获得光合作用面积和采集更多阳光这一基础上的。如车前草，有着轮生排列的叶片，叶片与叶片之间的夹角为 137° 30′，这是圆的黄金分割的比例。梨树也是如此，它的叶片排列是沿对数螺旋上升的，保证了叶与叶之间不会重合。下面的叶片正好在从上面叶片间漏下阳光的空隙地方，这是采光面积最大的排列方式。

高等植物的茎也有最佳的形态。许多草本植物的茎，它们的机械组织的厚度接近于茎直径的 1/7，这种圆柱形结构很符合工程上以耗费最少的材料而获得最大坚固性的一种形式。一些四棱形的茎，机械组织多分布于四角，这样也提高了茎的支撑能力，支持了较大的叶面积。

当然，整株植物的空间配备也必须符合数学、力学原则，才适合在自然界中生存和发展。像一些大树，都有倾斜而近似垂直的分枝、圆柱形的茎和多分枝的根，这样有利于生长更多的叶片，从而占据更大的空间，更好地进行光合作用。

透过繁茂的枝叶，我们看到了绿色世界里的数学奇观。若了解这其中的奥秘，并进行仿生，则会给人类带来无穷的益处。

问题 1：科学贵在发现，而它的灵感有时就来自我们对生活中习以为常的事物的留心和洞察。例如，著名的数学家笛卡尔曾研究过花瓣和叶形的曲线，发现了现代数学中著名的“笛卡尔曲线”。请再举出一个这样的实例。

问题 2：本文结尾提出，要研究绿色世界里的数学奇观并进行仿生。请结合本文的知识展开想象，举一个例子。

2. 以小组为单位，以“科学美与现代生活”为主题，搜集图文资料，用美篇等软件进行制作，并通过新媒体分享出来。

第九课　技术美的欣赏

- 技术美与社会美、科学美、艺术美有着怎样的关系？
- 技术美主要表现在哪些方面？
- 技术美有哪些审美意义？

技术美是生产技术领域里存在的美。它是人们在物质生产和产品设计、制造过程中，运用艺术手段对客体进行加工所形成的审美形态。技术美现在已经渗透到社会生活的方方面面，发挥着越来越重要的功能。

一、技术美学的产生和发展

1. 科学与技术

科学是人类对于自然和社会发展的内在规律和结构的探索与认识，而技术则是人类已有科学知识在生产劳动和社会生活中的直接应用。具体地说，技术是人类在利用和改造自然过程中使用的方法、手段、技能和技巧。简单地说，科学解决理论问题，技术解决实际问题。

2. 技术美学的产生

在手工业生产时期，一个陶罐、一把折扇、一件绣袍、一把明式的太师椅，都凝聚着工匠的智慧、才能和独特的审美趣味，体现着产品的功能美和艺术美。这些手工业产品所展示的美，属于传统的技艺美。由于经验和感性因素在生产中起决定作用，所以它们还不是现代意义上的技术美。

图 9-1　威廉·莫里斯

18 世纪后期的工业革命推动了社会生产力的发展。但是，大机器批量生产出来的产品外观单调呆板，甚至简陋粗糙。在很长一段时间，产品的造型没有审美价值可言。到了 19 世纪中叶，很多专家关注到工业革命带来的艺术跟技术脱节的问题。英国人威廉·莫里斯（见图 9-1）提倡以传统的手工业风格制造新的机械产品，主张将设计与审美结合起来，发起了工艺美术运动。他亲自创办装饰设计公司，试图通过艺术改变英国的社会趣味，向英国公众提供美观而又实用的产品（见图 9-2）。

图 9-2　威廉·莫里斯设计的印花图案

19 世纪 80 年代至 20 世纪初，欧洲开展了以法国为中心的新艺术运动。一些优秀的设计师推崇艺术与技术紧密结合，对建筑、家具、室内装潢、日用品、服装等进行全面设计，力求创造一种新的时代风格。德国则形成了以设计师、工程师、建筑师、艺术家为成员的包豪斯学派，提出以大工业生产方式为基础，把技术与美结合起来，致力于产品的艺术化。

● 知识链接

包豪斯学校

1919 年德国建筑师格罗皮乌斯创建包豪斯学校，培养建筑设计和工业日用品设计人才。“包豪斯”一词是他根据德语的“bauen”（建筑）和“haus”（房屋）两个词创制的。

格罗皮乌斯认为“美的观念随着思想和技术的进步而改变”，主张只有在技术、形式和谐一致的基础上才能生产出完美的产品。他在学校教育中强调 3 点：第一，提倡自由创造，充分发挥设计师的创造性；第二，要把手工业和机器生产结合起来；第三，要注重功能和艺术的统一。在他的影响下，以包豪斯学校为基地形成和发展了一个建筑学派。由他亲自设计的包豪斯校舍（见图 9-3），堪称实用性和审美性完美结合的典范，是包豪斯学派的代表作。

包豪斯学校是世界上第一所完全为发展现代设计教育而建立的学院，包豪斯学派的学术观点对世界现代设计的发展具有深远的影响。

图 9-3　包豪斯校舍

3. 技术美学的发展

20 世纪 30 年代，席卷欧美的世界性经济危机使竞争空前激烈，刺激了技术与美的进一步结合，这为工业产品打开了新的出路。在这样的背景下，技术美学发展成为一门独立的新型学科。

第二次世界大战以后，技术美学更加受到人们的重视。1944 年，英国率先成立第一个技术美学组织。1946 年，这个组织第一次举办了展示技术美学成果的展览会。1956 年英国又成立了迪扎因中心，它开展了很多推广优秀工业产品的活动。1957 年，国际技术美学协会在瑞士成立。这个组织每两年召开一次国际学术会议，探讨技术美学问题。它对于推动世界范围内的技术美学的交流和发展起到了十分重要的作用。在美国，许多企业家也认识到工业艺术设计的作用，逐渐把工业产品设计、现代材料、现代工艺和人们的审美观结合起来，创造了大量既实用又美观时尚的产品。十几个技术美学的国际性组织逐渐发展起来。

如今，技术美学在全世界得到了普遍的重视，技术美学已经渗透到物质生产的各个领域。人们不断地将科研成果转化为技术，运用“美”的规律去制造产品，运用“美”的尺度去衡量产品的价值。技术美学在社会生活中发挥越来越重要的功能。

二、技术美的含义及特点

1. 技术美的含义

技术美是现代大工业生产方式的产物，是人们在物质产品设计和生产过程中，运用科学技术知识和艺术手段对客体对象进行加工所形成的一种审美形态。

技术美在本质上是善的内容与真的形式的统一。“善的内容”是指物质产品的设计和生产能满足人们的生产生活的需要，既实用又经济。“真的形式”是指其设计和生产遵循科学技术知识和艺术原则，既美观又具有人性化。从外在上看，技术美表现为物质产品的实用、耐用、经济、精巧、新颖、美观、高品质，有文化意味；从本质上看，技术美指物质产品所折射的人的智慧、意志、力量、情感与创造力。

2. 技术美的特点

（1）功能与形式的统一

物质产品总是以使用需求的满足为目的，只有在使用需求得到满足的前提下，技术美才能进入我们的视野。产品的功能（实用要求）与形式（审美要求）的和谐统一，是技术美最为本质的特性。

● **思考与交流**

举例说明技术美与艺术产品的美有什么区别。

（2）普遍性

技术美是机器大生产的产物，通过批量生产的产品体现出来，而批量生产的产品要赢得市场，必须尊重和满足消费者的心理、生理需求和精神追求，体现消费者的期望和情感。1964 年在比利时召开的国际工业产品设计师会议指出，工业艺术设计要使工业制品成为既反映消费者观点又反映设计制造者观点的内在统一的整体。这就意味着设计师必须作为消费者的代表出现。只有这样，技术美才会有最大的适应性和最大的普及性，才会成为一种具有普遍性的美。

（3）变易发展性

人们的审美趣味具有变易性与稳定性两个方面。变易是绝对的，稳定是相对的。相比较而言，人们对自然风景、艺术作品的审美趣味的变易性不是很大，但是对物质产品的审美趣味却有较大的变易性。喜新厌旧在技术美欣赏中最为普遍，这主要是因为技术产品的功能及特性受到科学技术发展水平的制约。科学技术发展越快，产品的更新换代就越快，于是人们对技术美的审美趣味就不断地追逐着科学技术的发展。因此，技术美总是当代的，而不可能是历史的。可见，技术美总是不断向前发展，并在发展中不断完善。因此，设计师必须密切把握科学技术的发展趋势以及人们生活方式和审美趣味的变化，不断推出更加人性化的设计，满足人们的生活需要和审美需求。

需要指出的是，随着社会生活的发展，人们越来越注重和强调个性化需求或个人特有的生活风格。在这样的背景下，拒绝批量生产，追求个性化，已成为人们对技术的内在要求，这也将造就技术美的多元性。

思考与交流

以手机常见外观（见图9-4）和功能变化为例，谈谈技术美的变易发展性。

图9-4　手机常见外观

三、技术美的表现形式

技术美既体现在以工业生产为核心的动态过程中，又体现在静态的成果（即技术产品）上，并逐步扩展到人类的整个生存环境。

1. 工业生产美

技术美与生产劳动密切相关，属于社会美的范畴，但工业生产中的技术美又不完全等同于劳动过程的美。工业生产的技术美，不仅要体现劳动过程中的各种美的因素，还要求人们更准确无误地驾驭自然规律去从事创造性的劳动，通过特定的设备、工艺及操作方式，改变特定材料的性能和形状，最终制作出既有实用价值又有审美价值的产品。这种创造性的劳动，体现在工业生产的各个环节中。从设计、生产到出品，人们都会感受到技术创造的乐趣，并为人类自身具有的智慧、才能而感到自豪。

从宏观上看，工业生产美体现为生产规模宏大壮阔，生产设备和技术先进，生产流程严谨、高效，由人、物、色、声、光有机组合而形成的工业意境具有震撼力。人们通过现场感知，能够了解不为常人所知的产品诞生的过程及奥秘，从而领略现代科学技术的魅力和人类创造力的伟大。

品美沙龙

感受工业之美

工业旅游是由于人们对旅游资源理解的拓展而产生的一种旅游新概念和产品新形式。工业旅游在发达国家由来已久。特别是一些大企业，利用自己的品牌效应吸引游客，同时也使自己的产品家喻户晓，如法国的葡萄酒之旅，德国的汽车之旅。对于游客来说，他们不仅仅是在参观工厂，更是在体验和感知工业文化和生产方式。在我国，越来越多的现代化企业开始注重工业旅游。近年来，我国著名工业企业如青岛海尔、上海宝钢、广东美的等相继向游人开放。

从微观上看，工业生产美集中表现为工艺美和劳动者的技术表现美。操作方法先进，操作程序科学、合理，工艺流程高效、安全、环保，劳动者技术动作规范、标准，技法娴熟、高效，都具有审美价值。钻研专业技能，开展技术创新和管理创新，是创造工艺美和技术表现美的源泉。

- **知识链接**

时动分析法

泰勒和吉尔布雷斯夫妇是时动分析法的创始人。时动分析的目的是通过对劳动者的劳动时间、工作方法、动作特点以及劳动工具等进行研究和分析，寻找一种节省用功、用力的做法。

泰勒在钢铁厂时，看到600多名工人正用铁锹铲铁矿石和煤。泰勒想：“一铁锹矿石或煤的重量为几磅工人才感到最省力，并能达到最佳工作效率呢?”为此他选出两名工人，改变一铁锹矿石或煤的重量并记录每天的实际工作量。结果发现，当每铁锹矿石或煤的重量为38磅时工人每天工作量是25吨、34磅时是30吨，于是，他得出作业效率随每铁锹矿石或煤的重量的减轻而提高的结论。但是当重量下降到21~22磅以下时，工作效率反而下降。由此，他认为矿石重量较重应使用小锹，而煤较轻应使用大锹。他合理地安排了600多名工人的工作量，每吨费用由以前的0.072美元降低到0.033美元，总费用每年节省了8万美元。

吉尔布雷斯通过研究提出了著名的砌砖法。他发现建筑工人在砌砖时，总得先伏身拿起砖来，这样每砌一块砖，都要做许多无用功。后来他发明了自由升降的脚手架，可以把砖始终放在作业面的水平面上，省去了每次弯腰取砖的动作，不仅节省了时间，还减轻了劳动者的劳动强度。接着他又仔细分析，改变了砌砖时的手与臂的各种动作，大大提高了劳动生产率。将砌一块砖原来所需的18个动作，减少到四五个，砌砖的速度由原来的每小时120块增加到每小时350块。

2. 技术产品美

技术产品是根据人的需要，有意识、有计划地生产出来的，它体现着人类认识自然、改造自然的智慧和力量。技术产品既要具有实用价值，又要具有审美价值，做到真的内容、善的目的和美的形式相统一。只有满足人们的物质需求和精神需求的产品，才称得上是体现技术美的产品。技术产品美主要包括下列要素。

功能是技术产品美的核心要素。工业技术产品首先必须具有实用价值，满足人们生活的需求。古希腊哲学家苏格拉底说："任何一件东西，如果它能很好地实现了它在功用方面的目的，它就同时是善的，又是美的。"产品功能齐全、完善，使用操作方便、安全、舒适，是衡量技术产品美的重要标准。如果一台电冰箱，制冷效果不好，耗电又多，无论它的外观如何美观，都不能使人对它产生好感。所以说，功能在技术产品美中居于核心位置。

图 9-5　合成树脂电视背景墙

材料是构成技术产品美的物质要素。材料是产品的物质基础，它决定了产品的内部构造和外观形式，并且使产品具有不同的风格和特点。准确把握和合理利用材料的物质属性，能够使产品的功能更加完备，结构更加合理，造型、光感、质感、手感等外观因素更加吸引人。比如，最早的录音机把人造革贴在木制的外壳上，样子很笨重。后来随着塑料的出现，注塑技术使录音机的外壳变得绚丽多彩。随着铝合金的开发和应用，录音机的外壳又显得更加简洁、明快和富有现代气息。现代工业生产中使用了如合金、合成树脂、合成纤维、玻璃钢、稀土等新材料，为工业艺术设计提供了有利的条件。

图 9-6　稀土金属制件

形式是构成产品技术美的审美要素。形式包括产品的结构、造型和外饰。现代产品的设计，要求将工程师和艺术家的素质糅合在一起，既要将艺术家的审美用于技术设计，又要运用工程师的数学语言和技术经验，进行定量的计算和科学的测定，使产品的内部结构尽量简洁和趋于合理，使造型符合使用目的和消费者的需要。产品的外饰（图形、色彩、肌理、精密度、平整度、粗糙度和手感等），跟产品的功能没有直接的关系，但却影响其审美价值的实现。例如一本练习本，其封面呈褐黄色，没有图案，虽然并不影响使用者做作业，但单调乏味，无美可言。相较之下，人们更喜欢封面印有图案、色彩悦目、版面新颖的练习本。产品的外观，从造型到外饰，从整体到细节，是否符合人们的审美趣味，能否引起人们的注意和喜爱，已成为影响产品市场竞争成败的重要因素。

• **品美沙龙**

汽车造型设计

汽车作为一种商品，首先向人们展示的就是它的外观。外观是否讨人喜欢直接关系到一款车的销量。

汽车造型设计，是根据汽车整体设计的多方面要求来塑造最理想的车身形状，包括汽车外部和车厢内部的造型设计。它不是对汽车的简单装饰，而是运用艺术的手法，科学地表现汽车的功能、材料、工艺和结构特点。设计师需要懂得车身结构、制造工艺要求、空气动力学、人机工程学、工程材料学、机械制图学、声学和光学知识。

德国人发明了第一辆汽车。这辆汽车是根据欧洲马车的样式制作的。后来，随着汽车速度的加快，空气阻力变成提高汽车速度的障碍。所以，人们开始运用空气动力学的基本理论，对汽车的外形进行改进。总体来看，汽车造型沿着整体化和流线型的方向发展，大体经历了从箱形、甲虫形、船形、鱼形、楔形，到现在的复合型的变化。在进行造型设计的同时，设计师们还注重运用视觉规律以及绘画、雕塑、图案学、色彩学等方面的原理，对汽车的外观进行美化，力求以美去吸引和打动观者，使其产生拥有一款车的欲望。

图 9-7　汽车常见造型之一

思考与交流

观看下列图片中的肥皂盒，从造型和装饰图案两个方面说说你对创意设计与美的关系的理解，并再举出一两个例子。

图 9-8　3 种造型的肥皂盒

环境也是构成产品技术美的要素之一。人类的生产、生活总是在一定的环境中进行的，任何产品也都是在一定的环境条件下使用的。工业技术产品要与环境协调一致，适应环境的需要。比如，游乐场中大型的游乐设施、工厂的大型机器等，与周围的自然景观和谐一致，就显得更加美观。室内产品的设计、制造和使用，同样要考虑和室内环境的协调统一，这样才能显现出产品的技术美来。

3. 生存环境美

这里所说的环境，与构成产品技术美的环境的含义不同，是指人们的生存环境，包括劳动环境、生活环境以及城市景观等。在当代社会，越来越多的人对于自己的生活环境和生活方式有一种自觉的审美追求。在日常生活审美化的背景下，在人本主义思潮的影响下，审美设计从工业产品领域扩展到人类的整个生存环境，渗透到工业、建筑、交通、农业以及管理和服务的各个领域。在当今社会，技术美普遍存在于建筑、室内设计、服装、园林、广告、商标、城市环境之中（见图 9-9），成为一种随处可见的美。

图 9-9　现代地铁站

思考与交流

技术美已经渗透到物质生产的各个领域，普遍存在于我们的生活之中。请从以下方面各举一个例子。

生活领域	举例
衣	
食	
住	
行	
娱乐	
健康	

四、技术美的审美意义

1. 升华生活情感

当代社会，技术美无处不在。由于它的存在，我们的城市才变得美丽多彩，工作环境才变得富有情趣，室内才变得温馨舒适，日用器物才变得赏心悦目。所有这一切，都使我们的生存环境更加人性化，使我们的生活既充实，又美好。可以说，技术美在现实的层面上为我们创造了一个美好的世界。它不但给我们带来了物质上的满足，而且使我们的精神感到愉悦。欣赏技术美，能激发我们热爱生活的情感。

2. 激发创造热情

技术美给人们带来的精神愉悦，并不仅仅局限于其在物质层面上带来的逸乐，技术美还能让人看到自身在改造世界的实践活动中所显示出来的智慧和技巧，并引发一种自豪感、成就感。这种自豪感、成就感，反过来又激发人们的创造热情。比如，工业生产过程所展示的自动化、高效率的美，常常启发人们去探讨如何把科学技术应用于生产的各个环节，提高劳动效率，减轻劳动强度；技术能手们的“绝活”所展示的神奇的魅力，能激励人们勤学苦练，掌握熟练的技艺；不断涌现的品质卓越的工业产品，也时刻提醒设计者和生产者不断完善自己的产品，推陈出新，保持产品的生命力。

● 知识链接

钣金战线上的“千手观音”

王洪军，中国第一汽车集团一汽大众有限公司高级技师，第九届中华技能大奖获得者，2011年入选第二批中国高技能人才楷模。

1990年，王洪军从技工院校毕业后进入一汽集团，从事轿车车身调整和钣金整修工作。多年来，他立足岗位，苦练技能，钻研技术，大胆创新，研制出填补国内空白的整修工具近50种2 000余件，发明轿车整修方法120多种。“王洪军轿车钣金快速修复法”荣获国家科学技术进步二等奖，他由此成为中国一线工人获此殊荣的第一人。王洪军的创新发明，不但提高了轿车生产制造效率，而且为企业创造直接经济效益6 000多万元。

勤学苦练，追求卓越，是王洪军练就技术绝活，从一名技术工人成长为技术专家的秘诀。

3. 提高审美能力

人们一般认为只有在艺术作品和自然风景中才能发现美，而对现实生活中的许多美的事物和现象却视而不见。经常接触工业技术产品，可以帮助人们发现：生活中处处有美，我们在吃饭、劳动、休息中都能感到它的存在；美不是虚幻的东西，而是实实在在的；技术美呈现在一切工业技术产品中，呈现在各种生活实用品中。久而久之，人们的审美感官就会变得更敏锐、更细腻，人们的审美能力和审美文化水平就会相应地得到提高。

● 课后活动

1. 在生产和服务领域，技术美往往表现为态度的一丝不苟、动作的精细娴熟、过程的自然简洁。请以某个专业实训项目为例，从工序、操作方法、设备等方面说说，做出哪些改进后可以更充分地展示技术美。

2. 外观设计是发明创造的一种。所谓外观设计，是指对产品的形状、图案所做出的富有美感并适于工业应用的新设计。请就你所学专业领域里的某种产品的外观，提出新的设计方案。达到一定水平的，可在老师的帮助下申请外观设计专利。

第十课　艺术美的欣赏（一）

- 什么是艺术？它包括哪些主要门类？
- 什么是艺术美？它有哪些主要特征？
- 艺术美有着怎样的审美意义？如何提高艺术欣赏能力？

美不仅存在于自然界和社会生活中，也存在于艺术领域。优秀的艺术作品能洗涤灵魂。如果没有艺术美，生活将失去许多色彩。

一、艺术

1. 艺术的概念

艺术是通过具体而生动的感性形象，反映社会生活现象及其本质，表达作者的思想感情及审美评价的一种方式。

（1）艺术是对生活的反映

生活是艺术创作的源泉，艺术家的创作激情和创作素材都来自生活。如果没有北宋时期城市经济的繁荣和市民阶层的兴起，就不可能产生《清明上河图》（见图 10-1）这样的巨幅画卷；如果没有三国鼎立的历史纷争，就不可能产生《三国演义》这部历史小说；如果没有中国人民抗日救亡的热潮，就不可能诞生伟大的《义勇军进行曲》。

图 10-1 清明上河图（局部）

（2）艺术是对生活的能动的反映

艺术要反映出生活的本质，因此不能机械地复制生活，而要积极地能动地反映生活。所谓能动地反映生活，是指对生活进行观察、体验、认识和评价，对生活形象进行提炼、加工，并渗入自己的思想、情感、理解和审美观念。

思考与交流

阅读下面的文字，说说你对艺术真实与生活真实关系的理解。

元末明初罗贯中的《三国演义》，它并不是单纯地记述三国这段历史，而是通过三国之间政治、军事、外交的种种事件，把历史上各种斗争的经验和智慧形象生动地表现出来。对于诸葛亮这个人物，《三国志》说他“治戎为长，奇谋为短，理民之干，优于将略”，而罗贯中却把他描写成政治、军事、外交无所不能、无所不精的人物，这表达了作者处乱世之际对贤相的热切期盼。

（3）艺术用感性形象反映生活

这是艺术区别于科学的一个基本特征。例如，科学家研究马，是从生物学的角度，研究马的形态、生理机能和习性，概括出马发育、成长、繁殖的规律；而艺术家反映马，就必须依靠具体可感的形象，如徐悲鸿笔下的马，或迥立，或狂奔，或成群，或独鸣，无不是栩栩如生的具体形象。

2. 艺术的主要门类

根据表现形式及表现手段的不同，艺术可分为造型艺术、表演艺术、语言艺术和综合艺术。

艺术的主要门类

名称	概念	具体分类
造型艺术（空间艺术）	用一定的物质材料，借助线条、色彩、形态等手段，在一定的空间中塑造直观的平面或立体形象，反映生活、表达情感的一种艺术形式	书法、绘画、建筑、雕塑、摄影、工艺美术等
表演艺术	以表演者审美化的声音或动作为手段，通过表演者的活动来反映生活、表达情感、展示艺术形象的一种艺术形式	音乐、舞蹈、艺术体操、花样游泳、影视表演等
语言艺术（文学）	用语言塑造形象，反映社会生活，表达思想感情的一种艺术形式	诗歌、小说、散文等

续表

名称	概念	具体分类
综合艺术	融合造型艺术、表演艺术、语言艺术的审美特征，采用多种艺术表现手段，塑造综合艺术形象的一种独立的艺术形式	戏剧、电影、电视剧等

二、艺术美

艺术美指艺术作品所呈现出来的美，即艺术形象的美。它是艺术家按照美的规律，在进步的审美观点、审美理想指引下，根据现实生活进行创造并运用一定的物质材料体现出来的美，是艺术家的审美意识的物态化。

1. 艺术美通过审美意象显现出来

艺术美通过鲜明生动的艺术形象显现出来。具有审美价值的艺术形象又称为审美意象。审美意象是经过艺术家的创造所实现的主观的“意”（艺术家的思想感情、审美理想等）与客观的“象”（来自生活中的人、事、景、物的形象）的完美融合。艺术家正是通过具体可感的审美意象，表达他们对于自然、社会及人生的认识和理解，表达他们的思想感情和观点态度。

● **知识链接**

构成审美意象的3个层次

从理论上讲，艺术作品中审美意象的构成有3个层次：材料层、形象层、意蕴层。在实际作品中，审美意象是这3个层次的有机统一体。

材料层，即形成审美意象的物质材料层次。艺术作品中的审美意象需要运用一定的艺术媒介或材料才能创造出来，如文学用语言，绘画用笔墨颜料，音乐用乐音，舞蹈用人体，电影用光和影等。

形象层，即由艺术媒介或材料所呈现的具体的形象层次，包括人、事、景、物等形象及体系。审美意象的形象层都具有艺术概括性，它源于生活，却高于生活。

意蕴层，即构成审美意象的内在意义层次。艺术形象是艺术家审美创造的结晶和情感意念的载体，都内含特定的意义，即作品的基本主题及其文化意味等。

2. 艺术美的内容与形式并重

任何美的事物都是内容与形式的统一，而艺术美则要求二者高度统一。艺术美就其内容而言，是指艺术家对生活中的美以及相关的丑的自觉的能动的反映；就其形式而言，是艺术家用以反映一定生活内容的物质媒介及组合方法。艺术美的内容和形式在理论上是可以区分和分析的，但在实际中是有机统一的。

艺术作品有怎样的内容，就要有怎样的形式，即内容决定形式，形式服从内容。比如郭沫若的《太阳礼赞》，为了表达对光明和美的追求，表达对新生中国的热切期盼，其句子是自由奔放的，调子是豪迈昂扬的；而闻一多的《死水》，则主要是感叹灰暗的社会现实，抒发深沉的愤懑忧伤，其句子是凝练整饬的，调子是低回抑郁的。

形式的审美价值在于显现内容。美的形式对于表现内容有着积极和重要的作用。黑格尔说："艺术家要善于驾驭形式，音乐家应很快把感情变成曲调，画家应把感情变成线条和色彩，文学家应把感情变成语言和文字，把思想感情通过专业技巧表现出来。"如果忽视形式，就会妨碍内容的表达，妨碍艺术形象的创造。正如高尔基所说："艺术家不掌握技巧，就是最丰富的感情也会陷于瘫痪。"忽视形式，就是忽视艺术美的特性，这样的艺术形象是不会具有感染力的。

• 品美沙龙

徐悲鸿的《奔马图》

徐悲鸿的《奔马图》作于抗日战争期间。画家不是简单地画一匹马在飞奔，而是借奔马来抒发他忧国忧民的愤慨之情。

画家虽然画马，但立意却全不在"马"上。画面所使用的笔墨，既表现了奔马风驰电掣的动态，同时也表现了画家胸中的激情。画家考虑艺术形式时，都是为了表达特定的内容。马的躯体远小近大，给人一种欲放先收、由远而近的感受，表现出奔腾的气势；而马尾、马鬃用笔粗犷、激荡、有力，焦墨与湿墨并用，既表现了奔马的特点，也表现了画家的情感。飞动的马尾、马

图 10-2 艺术美

鬃象征着画家胸中燃烧的怒火。从马高昂的脖子延伸到左腿形成一条垂直线，使马在奔腾中又显稳健。

3. 艺术美是更集中、更纯净、更永久的美

艺术美是艺术家在生活基础上进行审美创造的成果，能够能动地反映客观世界。因此，它能够按照人类的一定的审美理想以较为完善和集中的形态来弥补现实美的种种不足。

（1）艺术美具有集中性

现实生活中的美虽然千姿百态，但它们有时彼此孤立，缺乏外在和内在的联系。而艺术美则由于艺术家的审美创造，能够将分散的现实美集中起来，并加以情感的熔铸，使之具有更明显的审美意味。

● **思考与交流**

鲁迅在《我怎么做起小说来》一文中说："（我）所写的事迹，大抵有一点见过或听到过的缘由，但决不全用这事实，只是采取一端，加以改造，或生发开去，到足以几乎完全发表我的意思为止。人物的模特儿也一样，没有专用过一个人，往往嘴在浙江，脸在北京，衣服在山西，是一个拼凑起来的角色。”想一想，这里面包含了怎样的道理？以他作品中塑造的一个人物形象（如闰土、孔乙己、阿Q、祥林嫂）为例，进行简要分析。

（2）艺术美具有纯净性

现实生活中，美的与丑的通常是并存、杂陈的，这就使现实中的美显得较为芜杂、粗糙。艺术美是经过艺术家选择、提炼、加工、融合而产生的，因此它美得纯粹。即使原先在生活中显得不美的东西，也会因艺术家的审美创造而产生审美价值。

• 思考与交流

在现实生活中，老鼠无疑是令人讨厌的，而在动漫作品中，老鼠的形象却是可爱的。想一想这是为什么。

（3）艺术美具有永恒性

自然景物会因春去秋来而消失，人的美也会因生老病死而不能永驻。现实中的美总处在活动状态，具有不稳固性，容易消逝；而艺术美则能超越时空，流传久远。

三、艺术美的审美意义

1. 提高审美素养

艺术作品的美具有集中性、纯粹性。优秀的艺术作品可以打动人，净化和陶冶人的心灵，升华人的审美理想，培养人的审美能力，使人从中获得特殊的审美享受。不仅如此，欣赏优秀的艺术作品，学习其创作手法及表达技巧，可以提高艺术创造能力，促进艺术发展。

2. 认识社会人生

艺术是对社会生活形象的反映。优秀的艺术作品通过具体、生动的艺术形象，再现社会生活的图景，反映一定历史时期的政治风云、经济生活和社会风尚，表现各个阶层人们的生活和精神面貌。因此，人们欣赏优秀的艺术作品，可以获得丰富的社会历史知识，了解多样人生，提高观察生活和认识生活的能力。

3. 获得思想教育

进步的艺术作品是生活的教科书，可以影响人们的思想倾向、思想观念、道德意识、哲学观点，改变人们的人生态度，激励人们为实现人类进步的社会理想而奋斗，起到潜移默化的思想教育作用。

4. 获得娱乐

艺术的社会教育作用不是通过说教来实现的，而是通过“寓教于乐”“寓教于美”的审美活动来实现的。艺术作品的艺术感染力，能够引发人们的审美愉悦和兴趣，使人们获得娱乐、休息，精神得到调剂。

四、艺术欣赏能力的培养与提高

1. 树立正确的审美态度

艺术欣赏是一种审美活动，要获得真正的艺术享受，就必须用正确的审美态度和艺术的眼光来欣赏艺术作品。在欣赏活动中要避免如下几种态度：一是把欣赏当成消遣，懒于对作品的思想内容及艺术手法进行一定的思考与分析；二是出于好奇，单纯追求情节的离奇、惊险，以寻求感官刺激；三是抱着庸俗的态度欣赏，在欣赏中不是取其精华去其糟粕，反而对其中某些消极成分津津乐道。这些都是不健康的态度，不但不能获得审美享受，反而会消磨意志，毒化心灵。所以，只有树立正确、健康的审美观，以正确的审美态度来欣赏艺术作品，才能获得艺术享受，得到思想启迪。

• **思考与交流**

你在阅读文学作品时，是否存在上述某些错误的态度？如果有，你将如何改进？

2. 了解各类艺术的基本知识

各个门类、样式的艺术，具有各自的审美特征和表现技法，只有掌握了这些基本的知识，才能把握和理解作品，真正领略作品奇妙的艺术魅力。比如欣赏音乐，就必须掌握音乐的基本艺术语言，熟悉乐理基本知识，了解各类音乐在演唱或演奏方面的特点等。又如欣赏电影，就要了解不同景别镜头的艺术表现力，了解电影画面的组接方式及其审美价值，了解电影的节奏性和韵律性，感受其冲击力和震撼力。总之，只有抓住作品的审美特征及艺术语言来欣赏，我们才会逐渐由“看热闹”的外行转变成“看门道”的内行，变成一个具有一定审美修养的人。

3. 做到知人知世

各类艺术作品都是一定时代的社会生活在艺术家头脑中的反映。欣赏艺术作品，要了解艺术家所处的时代环境及其生活经历、思想状况以及作品的创作背景和创作意图，只有这样，才能客观地、正确地理解和把握其思想内涵及艺术特点。比如，欣赏莎士比亚的剧作、达·芬奇的绘画作品以及米开朗基罗的雕塑作品，就必须了解欧洲文艺复兴时期积极的人文主义思想和强烈的战斗精神；欣赏贝多芬的音乐作品，就必须了解作曲家强烈的社会责任感、坚韧不拔的意志和不屈不挠的毅力，以及他追求个性自由、人类平等及社会正义的人文主义世界观；等等。因此，我们应该了解一些文化史、艺术史的知识，并把作品放到具体的时代环境中进行理解。

• 思考与交流

南宋陆游写过一首《卜算子·咏梅》，咏物寓志，表达了自己孤高、雅洁的品格。毛泽东也有一首《卜算子·咏梅》，反其意而作，表现了梅花的积极、坚贞、不慕虚荣的形象。试用知人论世的方法，说说这两首词在立意上为什么有这样的差别。

卜算子·咏梅

陆游

驿外断桥边，寂寞开无主。已是黄昏独自愁，更著风和雨。

无意苦争春，一任群芳妒。零落成泥碾作尘，只有香如故。

卜算子·咏梅

毛泽东

风雨送春归，飞雪迎春到。已是悬崖百丈冰，犹有花枝俏。

俏也不争春，只把春来报。待到山花烂漫时，她在丛中笑。

图 10-3　梅花

4. 大量欣赏优秀作品

古人说：“观千剑而后识器，操千曲而后晓声。”艺术欣赏能力的提高，离不开欣赏大量优秀作品的实践。比如，多听音乐就能培养和提高乐感；多看绘画就能训练对形式美的感悟力。听得多了、看得多了、接触得多了，也就有了比较，有了鉴别，诚如美学家朱光潜所说：“你玩索的作品越多，种类越复杂，风格越纷歧，你的比较资料越丰富，透视越正确，你的鉴别力也就越可靠。”此外，还要读一些文艺评论、文艺鉴赏方面的文章，从中获得启发和教育，从而形成对作品的理性欣赏。

图 10-4　优秀作品——《千里江山图》(局部)

5. 积累生活经验

艺术创作离不开社会生活，艺术欣赏也同样离不开社会生活。欣赏者总是在自己生活经验的基础上去感受和理解艺术作品。欣赏者的生活经验越丰富，其对艺术作品的欣赏也越到位，理解也越深刻。尤其是那些对社会生活现象做了高度概括的艺术作品，如果没有丰富的生活体验、广博的社会阅历是很难透彻地理解其本意的。对于同一件艺术作品，在人生不同时期去欣赏可能会产生不同的审美体验。因此，我们应广泛地接触社会生活，多观察，勤思考，不断积累生活经验，丰富生活阅历。

• 思考与交流

你在艺术欣赏上还有哪些独特的经验或体会？与大家交流一下。

• 课后活动

1. 毛泽东是伟大的革命家，也是诗人、书法家。他创作并手书的诗词，其内容与书法表现形式相得益彰。请搜索他的《沁园春·长沙》和《忆秦娥·娄山关》书法作品，联系两首词的创作背景及内容，鉴别其不同的美学意味。

2. 从下列中外名曲中选择一首，按如下步骤欣赏：不看任何介绍欣赏→查看有关介绍或鉴赏文字后欣赏→再次欣赏，然后写出你的欣赏体会（不必面面俱到，抓住一两点即可，300字左右）。

（1）《夕阳箫鼓》（佚名）

（2）《二泉映月》（阿炳）

（3）《歌唱祖国》（王莘）

（4）《春节序曲》（李焕之）

（5）《命运交响曲》（贝多芬）

（6）《土耳其进行曲》（莫扎特）

（7）《小夜曲》（舒伯特）

（8）《蓝色多瑙河（Op.314）》（约翰·施特劳斯）

第十一课　艺术美的欣赏（二）

● **常见的艺术门类有书法、绘画、音乐、舞蹈等。了解它们的审美特征及艺术语言，有助于更好地理解作品，从而领略作品奇妙的艺术魅力。**

各种艺术门类都有独特的审美特征和审美规律，了解这些知识，有助于提高我们的审美能力。本课将分别介绍书法、绘画、建筑、雕塑、音乐、舞蹈、戏剧、电影等艺术门类的概念、分类及其构成要素。

一、书法

1. 概念

书法是指文字的书写艺术，也特指用毛笔写汉字的艺术。

书法是中国特有的一种传统艺术。它之所以能够成为一门独特的艺术，首先是因为其书写对象是由象形文字发展而来的汉字。汉字本身具有造型美的特色，一个汉字往往就是一幅精练的图画，而汉字表意为主的特点，又使它具有广泛的表现性。其次是因为使用毛笔书写，可以写出千姿百态、性状各异的笔画，使汉字表现出迥然不同的体态风格，传达出书写者丰富微妙的内心情感。正因如此，书法艺术被称为“无声之音”“无形之象”。

2. 分类

中国的书法字体，大致可以分为篆书、隶书、楷书、草书、行书 5 种。

中国五大书法字体

字体		简介	举例
篆书	大篆	在甲骨文、钟鼎文的基础上演变而来，较早期古文字更加规范严整	 图 11-1 《宰甫卣铭》（商代）

续表

<table>
<tr><th colspan="2">字体</th><th>简介</th><th>举例</th></tr>
<tr><td>篆书</td><td>小篆</td><td>秦统一后，在大篆的基础上整理而来。它使汉字书写线条化，偏旁简单化，笔画固定化，形成纵势规整的长方形，奠定了“方块字”的基础</td><td>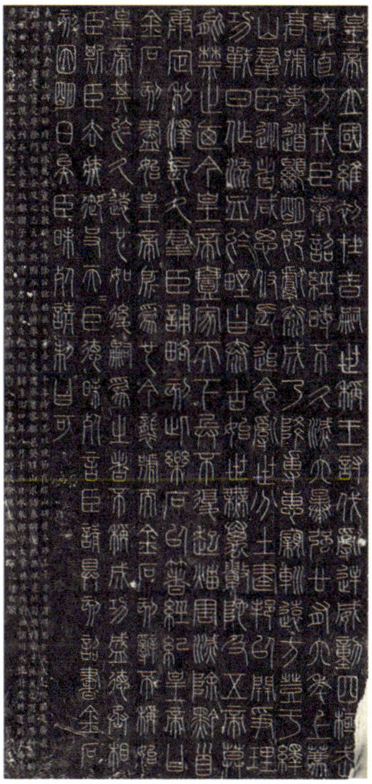
图 11-2 《峄山刻石》(李斯)</td></tr>
<tr><td colspan="2">隶书</td><td>产生于秦代，在汉代成为正式字体。它对汉字形体结构做了一次全面调整，将线条笔画变成了书写笔画，使文字由篆书的长方变为横方，基本奠定了两千年来一直沿用的汉字形体的基础</td><td>

图 11-3 《张迁碑》(汉代)</td></tr>
</table>

续表

字体	简介	举例
楷书	产生于东汉，形成于魏晋，盛行于唐代。它由隶书演变而来，形体方正，横平竖直，笔画清晰，准确易识，是一种便于书写的“楷模”字体。楷书从魏晋以来成为通用字体，一直沿用至今	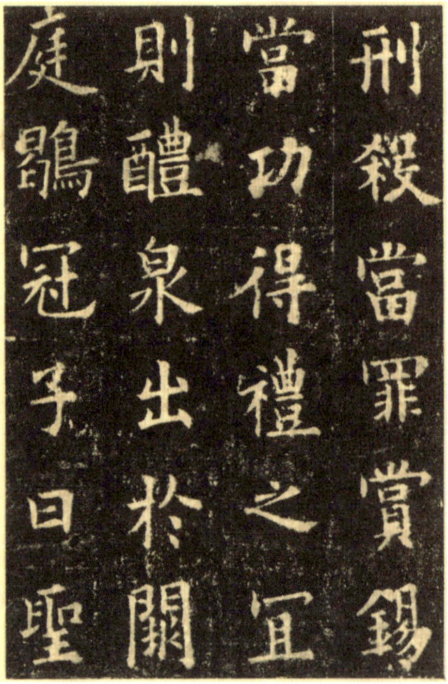 图 11-4 《九成宫醴泉铭》（欧阳询）
草书	共有章草、今草和狂草 3 种。章草是隶书的草写，由草隶发展而来，始于汉代；今草是章草的发展，是楷书的快写体，从东汉流传至今；狂草是在今草的基础上对字的笔画与结构进一步夸张与变形，是最能宣泄书法家情感的书体，兴于唐代	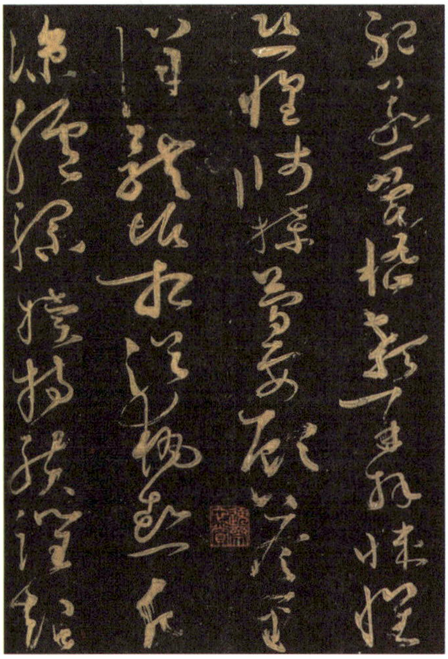 图 11-5 《千字文》（怀素）

续表

字体	简介	举例
行书	介于今草与楷书之间的一种字体。不像草书那样潦草，也没有楷书那样端正。楷法多于草法的称“行楷”，草法多于楷法的称“行草”。相传始于汉末，流行至今	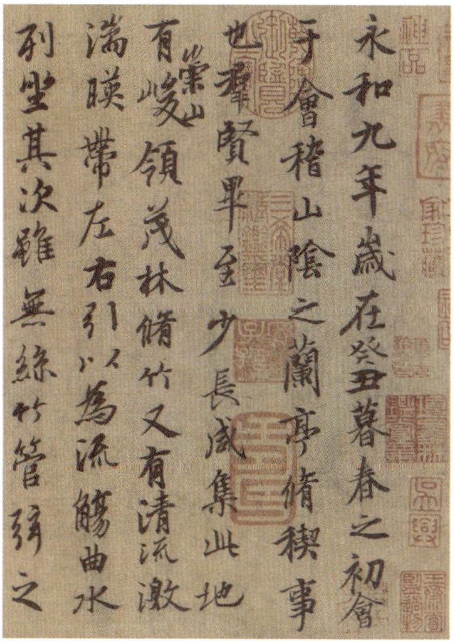 图 11-6 《兰亭序》（王羲之）

3. 构成要素

（1）点画线条

书法是线的艺术，其运笔用墨要求具有力量感、节奏感和立体感。所谓力量感，指运笔精熟得法，用墨沉着，力劲气足。雄健刚劲如刀斩斧截是力，轻盈柔婉似水流花放也是力。这种“力”，实质是书写者用心力驱使线条所创造出的“骨力”和“内劲”。所谓节奏感，是指由于运笔用力大小以及速度快慢不同，而产生的轻重、粗细、长短、大小等不同形态的有规律的交替变化。汉字的笔画长短、粗细不等，更增强了点画线条的节奏感。所谓立体感，即要求中锋用笔，使线条中心稍浓、四周略透，以显出层次及厚度；在书法中侧锋用笔，作为中锋的补充和陪衬，也可以增加层次感，使笔墨显得饱满圆润。

（2）空间结构

书法的点画线条在遵循汉字的形体和笔顺原则的前提下交叉组合，分割空间，形成书法的空间结构。它包括单字的结体、整行的行气和整体的布局三部分。单字的结体，首先要求整齐平正，长短合度，疏密均衡，比例适当。然后才能在平正的基础上注意正欹相生，错综变化，于平正中见险绝，于险绝中求趣味。行气是指字与字上下或前后相连，形成“连缀”，呼应连贯。楷书、隶书、篆书等静态字体虽然字字独立，但笔断而意连。行书、草书等动态字体可字字连贯，如游丝牵引。布局是指书法作品集点成字、连字成行、集行成章所形成的整体格局。它要求字与字、行与行之间疏密得宜，参差错落，变化多姿。其中楷书、隶书、篆书等静态字体以平正均衡为主，行书、草书等动态字体则变化错综，起伏跌宕。

（3）神采气韵

南朝书法家王僧虔说：“书之妙道，神采为上，形质次之。”形质，指书法作品的点画线条及其结构布局，它是神采赖以存在的前提和基础。“神采为上”，强调书法作品要透出人的性情，体现出书写者的情感、气质。人们常说“书如其人”，一幅书法作品，实际上就是书写者情感、气质的外化与表现，透过它能够体察到书写者的情感、境界和意趣。欣赏书法的神采气韵，实质就是体察书写者的精神世界及人格修养。

• 品美沙龙

唐代名臣颜真卿为唐王朝壮烈捐躯，他一生刚直不阿，不徇私、不畏权奸，其字雄健刚正，充溢着忠义刚烈之气；元代赵孟頫出身宋朝宗室，降元为官，其字清丽温润，有一种阴柔美，颇有委曲求全的意态。

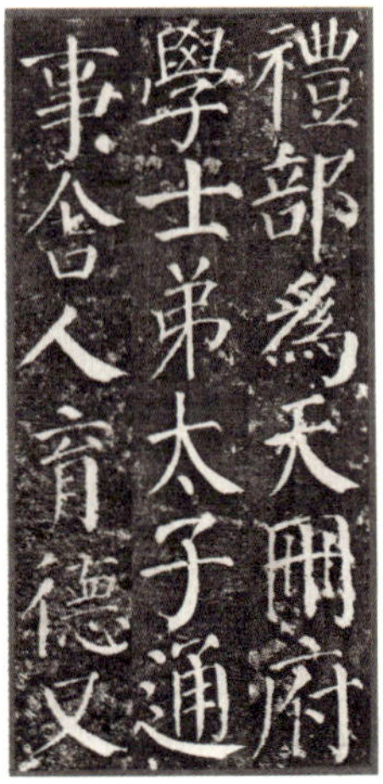

图 11-7 《颜勤礼碑》（颜真卿）

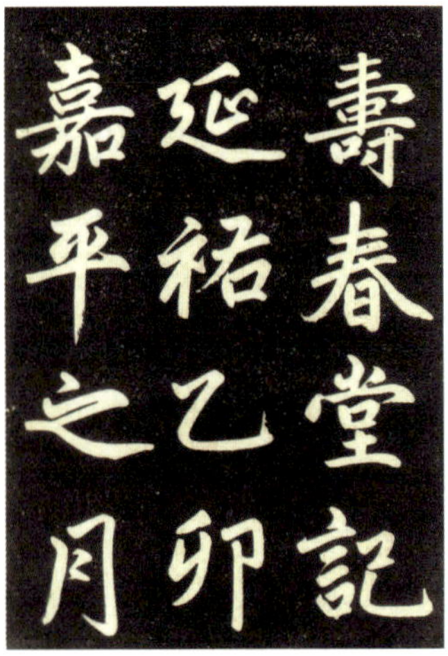

图 11-8 《寿春堂记》（赵孟頫）

二、绘画

1. 概念

绘画艺术是通过一定的线条、块面、色彩在画幅上描绘具体的、个性化的图像，以反映现实生活或展示想象世界、表达思想情感的一门造型艺术。

2. 分类

世界绘画艺术大体可分为东方、西方两大体系。

东方绘画以中国画为代表。中国画，简称“国画”，是在中国长期形成和发展起来的、自成体系的绘画。画家用毛笔、墨以及中国画颜料，在特制的宣纸或绢素上作画。中国画以写意为主，讲究形神兼备、气韵生动。在技法上，重视笔墨，运用线条、墨色和轻重彩色来表现客观事物的形体结构，并运用虚实疏密结合和“留白”等手法来取得巧妙的构图效果。中国画画家在画面上还题写诗文，加盖印章，将诗文、书法、篆刻融为一体。

西方绘画以油画为代表。油画起源于 15 世纪的尼德兰，后来传到意大利等国，经过许多画家的改进后更加完善。画家以油剂调和颜料，在经过制作的不吸油的平面（如亚麻布、纸板或木板）上进行描绘，颜料可以层层叠加，以便更好地传达出事物的质感、量感，以及所处空间的光线、色调和气氛，具有很强的写实性。油画在技法上吸收了透视学、色彩学、解剖学等学科的研究成果，表现出与中国画迥然不同的风格。

● **品美沙龙**

欣赏下面两幅作品，体会国画与油画的不同风格。

《渔庄秋霁图》（见图 11-9）描绘了江南渔村秋景。画面分为上、中、下三段。上段为远景，三五座山峦平缓地铺开；中段为中景，不着一笔，以虚为实，权作渺阔平静的湖面；下段为近景，坡丘上数棵高树，参差错落，枝叶疏朗，风姿绰约。整幅画不见飞鸟，不见帆影，也不见人迹，给人空旷孤寂之感。

《自由引导人民》（见图 11-10）热情歌颂 1830 年法国七月革命。画面中心位置描绘了高举三色旗的自由女神，突出地体现了画家的浪漫主义风格。自由女神健康、有力、坚决、美丽而朴素，正领导着工人、市民、知识分子的革命队伍奋勇前进。强烈的光影所形成的戏剧性效果，与丰富而炽烈的色彩和充满张力的构图形成了一种强烈、紧张、激昂的气氛，使得这幅画具有激动人心的力量。

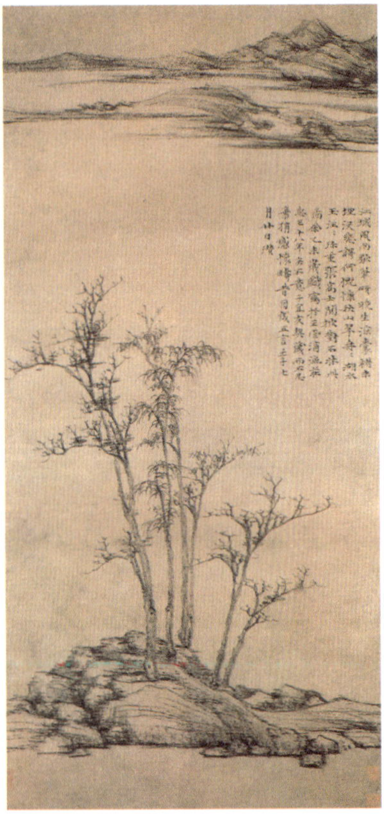

图 11-9 《渔庄秋霁图》(倪瓒)

图 11-10 《自由引导人民》(德拉克洛瓦)

3. 构成要素

绘画艺术主要通过线条、色彩、构图等造型语言，表现事物的形象及其内含的意蕴，造成视觉上的立体感或逼真效果。

（1）线条

线条是画家用以表达自己的感觉和情感的造型语言。当画家用线条标出空间界线，勾画出事物轮廓的同时，画家的情感也随之流动并凝聚在画面上。画家的线条风格，往往反映其内在的品格。例如，唐代吴道子的线条，豪放劲健，用力不一，迟速不一，反映了他奔放、潇洒的气质；元代倪瓒的线条，枯涩中见丰润，疏朗中见遒劲，反映了他清逸和淡泊的个性；意大利达·芬奇的线条冷静、准确，反映了他的理性；法国德拉克洛瓦的线条奔放而有力，反映了这位浪漫主义艺术家火焰般的激情。

（2）色彩

绘画的色彩来自客观世界。由于各种物体的质地不同，对各种色光的吸收和反射的程度不同，因而呈现出千变万化的色彩。跟色彩相关的还有色相、色度、色调和色性等。画家正是利用色彩的丰富特性和无穷变化创作了一幅幅美丽的图画。

与色彩相关的几个名词

名词	概念
色相	指色彩呈现出来的质的面貌。自然界中的色相是无限丰富的，如紫红、银灰、橙黄等
色度	指颜色本身固有的明度。在7种基本色相中，紫色的色度最深暗，黄色的色度最明亮
色调	指在一定的色相和色度的光源色的照射下，物体表面所笼罩的一种统一的色彩倾向和色彩氛围
色性	指色彩的属性。基本分为暖色和冷色两类，暖色给人以热烈、温暖、外张的感觉，冷色给人以寒冷、沉静、内缩的感觉

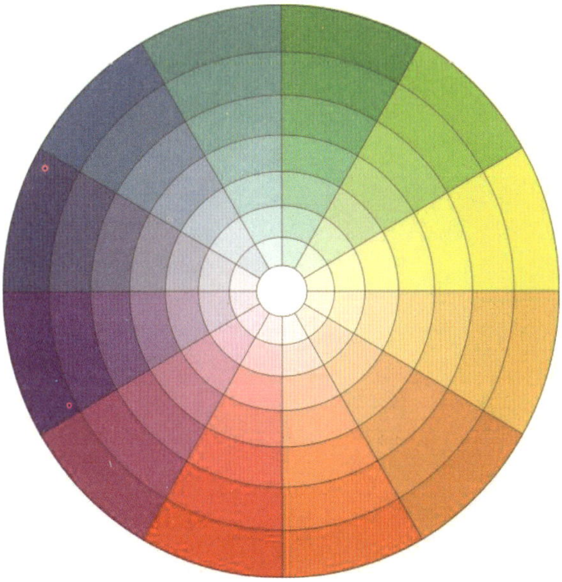

图11-11　十二色环图

（3）构图

构图是指画家为了表现作品的主题思想和美感，在一定的空间内安排和处理人、物的关系和位置，把个别或局部的形象组成艺术整体的造型语言。构图具有极强的情感意义。常见的构图有水平式、倾斜式、金字塔式、锯齿形、倒三角式、圆状等基本形式。如果将这些构图进行组合，就能构成一定的艺术形象，能给欣赏者带来崇高、升腾、庄严、悲壮、坚实、挺拔、舒展、优美、温柔、紧逼、寒冷、凄凉等不同的感受。

不同构图的情感意味

构图形式	情感意味
水平式构图	常暗示和平、宁静
垂直式构图	有强烈的紧张感，多条垂线并立会产生节奏感
倾斜式构图	常蕴含着动的趋势
金字塔式构图	常暗示稳固、持久
锯齿形构图	包含着痛苦和紧张
倒三角式构图	显示出不稳与危机
圆状构图	常暗示圆润、完满

• 思考与交流

下面两幅作品分别采用了怎样的构图形式？各有怎样的情感意味？

图 11-12 《渡江战役》

图 11-13　《站在云上》

三、建筑

1. 概念

凡用砖石、木材、混凝土等各种材料建造的宫殿、楼阁、寺庙、陵墓、会堂、场馆、车站、桥梁、住宅等立体物，均属建筑的范畴。建筑艺术则是通过对这些建筑的实体与空间（包括周围的自然环境）统一组织和安排，使之既具实用功能又达到人们审美要求的一种造型艺术。

2. 分类

从功能上来分，建筑一般可以分为纪念性建筑、宫殿陵墓建筑、宗教建筑、园林建筑、社会公共性建筑、住宅建筑等。

建筑艺术是实用性与审美性的有机统一。由于各类建筑的功能不同，实用与审美所占的比重也就不同。宫殿陵墓建筑、宗教建筑、园林建筑非常注重艺术性。例如苏州园林，其亭台楼阁、假山池沼的布局，顶脊檐拱、廊柱门窗的装饰，都十分讲究。社会公共性建筑，其功能不一，审美追求不尽相同，有的追求实用性，有的更讲究艺术性。随着社会生活水平的提高及建筑技术的发展，人们更加追求住宅建筑的外观及结构美，其审美因素呈现出日益丰富的态势。

3. 构成要素

（1）面

建筑是一个立体的形象，有许多面。各个面的处理，都要从建筑的性质与功能出发，综合运用均衡、对称、节奏以及虚实、明暗、色彩、质感等形式美要素，从而呈现既变化丰富，又高度和谐的外观美。

（2）体形

体形就是建筑的外在形态。建筑的体形丰富多样，一般来说，宫殿建筑宽阔严整，佛塔建筑高直挺立，亭台轩榭则轻盈多姿。建筑的体形往往由许多形体依形式美法则组合而成。

• 品美沙龙

故宫太和殿（见图 11-14），简化地看是两个部分，下面是立方体，上面是三棱柱。中国佛塔，如图 11-15 所示，一般由月台、须弥座、塔身、塔檐、尖顶等组成，整体呈高耸挺直的体形。

图 11-14　故宫太和殿

图 11-15 呼和浩特万部华严经塔

（3）体量

体量巨大是建筑艺术不同于其他艺术的重要特点。当然，由于功能不一，建筑的体量也有大小之分，从而表现出不同的艺术感染力。

• 品美沙龙

金字塔（见图 11-16）以其简单的体形和面、巨大的体量使人联想到历史的永恒和宇宙的无限，从而感到个体生命的短暂和渺小。欧洲的教堂体量颇为巨大，强调神性力量。而中国的园林建筑，如图 11-17 所示，体量一般较小，虽小巧但精致，给人亲切感，在一定程度上体现出中国人重视现实人生的特点。

图 11-16 金字塔

图 11-17　苏州拙政园

（4）空间

建筑艺术与绘画、雕塑相比，一般具有中空空间，或是由四面墙壁、地面和天花板共同围成一个空间，或是由许多建筑物组成庭院或广场。空间表现是建筑独有的艺术语言。巧妙地处理好空间的大小、方向、开敞、明暗，会使建筑艺术显出特有的感染力。宽阔、高大而明亮的大厅，使人心情舒畅开朗；而园林中迂回曲折的长廊，总给人以期待之感。

（5）群体

建筑通常采用群体的形式，有高低错落的变化，呈现出一种流动感，能有力地传达某种风格情调，是一种“凝固的音乐”。有时，群体建筑的艺术感染力，比某个单独的建筑更加强烈、深刻。

• 品美沙龙

故宫（见图 11-18）是由天安门、端门、午门、太和门、太和殿、中和殿、保和殿、乾清宫、交泰殿、坤宁宫、御花园等一系列不同的建筑按照不同的空间顺序排列而成，这种排列方式就像交响乐有序曲、高潮和尾声一样，使人的情绪发生一系列的变化，从而营造出整体的美感。

园林建筑也是如此，厅堂楼阁、亭台轩榭等依照一定的美学原则分布，给人以参差错落、宁静闲适的整体感受。如图 11-19 所示。

图 11-18　故宫

图 11-19　苏州网师园

（6）环境

建筑艺术是环境艺术的主体。建筑应该与山、水、草、木、石以及它们的形、色等有机组合，与时代风尚、民俗民风等人文环境融合，与雕塑、绘画、匾额、对联、家具、地毯、灯具、工艺品等装饰效果和谐统一，从而营造出整体的环境美。

• **思考与交流**

对照建筑艺术的审美要素，说说学校校园的建筑有哪些特点。

四、雕塑

1. 概念

雕塑是指用可雕刻的材料（如金属、竹、木、石、玉等）或可塑性材料（如黏土、油泥、面泥等）塑造可视、可触的立体艺术形象，以反映情感、表现生活的一门艺术样式。

2. 分类

一般而言，雕塑可以分为圆雕和浮雕两类。圆雕是指不依赖于任何背景，可以独立摆放，适合于多方位、多角度欣赏的全立体的雕塑。浮雕是指在平面上刻出凸起形象，非独立、有背景的一种雕塑。浮雕只能从正面或侧面去欣赏，多见于建筑的平面或某一件器物上，我国许多名山上的摩崖石刻中就有浮雕佛像。

雕塑根据其功能的不同，还可以分为纪念性雕塑、架上雕塑、园林雕塑和宗教雕塑。纪念性雕塑用于纪念人物或重大事件，如刘胡兰像、人民英雄纪念碑碑座浮雕等。架上雕塑是专供展览、参观的雕塑。园林雕塑是用于美化环境或起装饰作用的，城市的街头、广场、公园的雕塑就属于此类。宗教雕塑多展现宗教人物的形象或宗教故事中的某个场景，在宗教场所常可以看到。

• 品美沙龙

城市雕塑

在城市建设中，标志性雕塑是不可缺少的。在许多著名城市里都有标志性的雕塑。例如罗马纳沃纳广场上的四河喷泉、纽约自由岛上的自由女神像、广州越秀公园山上的五羊石像（见图 11-20）等。它们都成了这些城市的标志，既能唤起人们对历史的追念，又能引起人们对未来的憧憬。

标志性的城市雕塑，往往同该地区的传说、神话故事、特定人物或某种事件紧密地联系在一起。如丹麦哥本哈根海滨的美人鱼雕像（见图 11-21），就是根据安徒生的童话，以“海的女儿”为主题创作出来的。每当人们看到这尊雕像时，就自然会联想到“海的女儿”以及安徒生。

图 11-20 广州五羊石像

图 11-21 丹麦哥本哈根美人鱼雕像

3. 构成要素

（1）体量

雕塑作品具有严格的陈设条件，因而在一定的程度上限制了人们的观赏角度。人的视觉规律是衡量雕塑体量美的可靠尺度，而视觉上的舒适感和美感，即是体量美的标准。因此，在总体设计时要考虑到欣赏者的视点，使之与作品陈设的角度相适应。

（2）形态

形态美主要体现在雕塑的形象化程度以及节奏韵律感上。

• 品美沙龙

黄河母亲像

在兰州市滨河路中段有一座黄河母亲像（见图 11-22）：母亲秀发飘拂，神态慈祥，身躯颀长匀称，曲线优美，微微含笑，抬头微曲右臂，仰卧于波涛之上，右侧依偎着一裸身男婴，头微左顾，举首憨笑，显得顽皮可爱。雕塑构图洗练，寓意深刻，象征着哺育中华民族生生不息、不屈不挠的黄河母亲和快乐幸福、茁壮成长的华夏子孙。

图 11-22　黄河母亲像

（3）质感

雕塑不仅能唤起人们的视觉感知，而且能充分调动人们的触觉，如青铜雕塑的坚固、沉重、冰凉感，大理石雕塑的光润细腻感，木质雕塑的质朴、温暖感，都会对人们的心理产生特殊的影响，甚至能唤起人们触摸的欲望。

（4）色泽

雕塑作品的色泽受到其材质的限制，例如，青铜像呈青铜色，大理石像呈白色；镀金的作品会呈金色，镀银的则呈银色。无论哪种色泽，都有其自身的美。我国的许多木雕、石雕、玉雕，都是基于其本色进行再加工的，给人一种自然古朴的感受。在庙宇等处还存在着彩塑，如曲阜孔庙的孔子像、成都武侯祠的诸葛亮像、云南筇竹寺的罗汉像等。彩塑的颜色一般不会太夸张。

• 思考与交流

你所在城市或校园里都有哪些雕塑？以其中的一个为例，对照雕塑艺术的构成要素，说说其主要特征，并说说它有着怎样的情感意味或象征意义。

五、音乐

1. 概念

音乐是通过有组织的乐音创造艺术形象或境界来表达思想感情、反映社会生活的一门艺术。音乐是独特的，与其他艺术相比，它能最直接最强烈地传达音乐家的情感。因此，有人把它称为“诗的心理学”。

2. 分类

音乐按照风格的不同，可以分为民间音乐、艺术音乐和通俗音乐。

民间音乐是由人民群众在劳动生活中自发创造、广泛流传，与人民群众生活有着密切联系的音乐形式。民间音乐的艺术形式丰富多彩（如民族器乐、民族歌舞和曲艺等），表现风格朴实无华，蕴含着丰富的生活气息。

艺术音乐，又称严肃音乐，是指作曲家自己创作或经过作曲家修改、加工而成的音乐形式。从创作上看，艺术音乐都是在一定的理论和技巧指导下创作而成的；从表演上看，艺术音乐要求表演者有很好的演唱条件和艺术修养。艺术音乐的水平，常常被看作是一个国家和民族音乐水平的重要标志。

通俗音乐，又称流行音乐、大众音乐，是介于民间音乐与艺术音乐之间的一种音乐形式。通俗音乐分为通俗歌曲和通俗器乐两大类。

● 知识链接

中国十大古典名曲

1. 高山流水	6. 渔樵问答
2. 梅花三弄	7. 胡笳十八拍
3. 夕阳箫鼓	8. 广陵散
4. 汉宫秋月	9. 平沙落雁
5. 阳春白雪	10. 十面埋伏

3. 构成要素

音乐是由一系列乐音，根据表情达意的需要，按照一定的秩序，在规定的时间内组合而成的。其组合包括 4 个基本要素：音色、节奏、旋律、和声。

（1）音色

音色也称音质，是不同的发声体（人的声带或乐器）所发出的乐音的特质，或是不同乐音组合的音响所构成的音质的特色。人们感到音乐悦耳动听，音色美就是一个重要的原因。例如，听到双簧管舒缓的演奏，就能感受到一种田园风情；听到小号激昂的演奏，就能感受到一种威严和雄壮的气势。

（2）节奏

节奏是指音乐中交替出现的有规律的快慢、强弱、长短的变化。节奏是音乐的骨架。一般来说，急促的节奏可以表现出热烈、活泼或紧张，悠长的节奏可以表现出宽广的胸怀或悠闲的心绪，中等的节奏可以表现出庄严、隆重。

（3）旋律

旋律，又称曲调，是乐音经过艺术构思而形成的有组织、有节奏的和谐“运动”。旋律是乐曲的基础，乐曲的思想感情是通过它表现出来的。旋律有上行、下行、平行3种常见形态。一般来说，连续的上行构成上升的旋律线，常常表现情绪的逐渐高涨，体现激昂、亢奋；连续的下行构成下降的旋律线，常常表现情绪的逐渐平静，体现幽怨、哀伤。各种旋律线可以与人的各种情感动态轨迹相吻合，塑造出丰富多彩的音乐意境，所以有人说“旋律是音乐的灵魂”。

（4）和声

两个或两个以上的音按照一定的规律同时发声，所产生的音响统称和声。3个以上的音，按三度音叠置称为和弦。由于音程的关系，和弦分协和与不协和两大类。协和和弦辅助旋律、节奏，能给人以和谐的美感；不协和和弦则相反，常常给人以压抑的感觉。和声的运用，能以不同的音响、色彩和力度丰富音乐的表现力，增强音响效果的美感，使乐曲蕴含更为丰富的内容和情感。

● 知识链接

音乐中对声音的直接模仿

在音乐中，表现大自然中的声音时常常用模仿的方式。例如，挪威作曲家约纳森的《杜鹃圆舞曲》，这是一部影片的配乐，原为钢琴曲，后来改为管弦乐。乐曲由弱拍进行到强拍，大三度的下行音程与杜鹃鸣叫的音程十分相似，直接模仿了杜鹃的鸣叫声，使听众有置身春天的丛林之感。又如，捷克作曲家斯美塔那交响诗《我的祖国》，其第二乐章《沃尔塔瓦河》中的一部分乐曲由圆号和小号奏出，圆号和小号还模仿了猎人狩猎时吹奏猎号的音调，象征着沃尔塔瓦河正流过一片茂密的森林。

六、舞蹈

1. 概念

舞蹈是以情感为动力，以人体为表现工具，以艺术化的人体动作为表现形式，以社会生活以及人的思想感情为表现对象，在音乐、灯光、舞台美术共同配合下形成的一门综合性的视觉艺术。

2. 分类

舞蹈按照风格的不同，可以分为民间舞、古典舞、芭蕾舞和现代舞等。

图 11-23 民间舞

民间舞（见图 11-23）是指在人民群众中广泛流传，具有鲜明的民族风格和地域特色的传统舞蹈形式。民间舞的类型十分多样，劳动、爱情、婚姻以及各种民俗都可以成为其创作的素材。由于各民族、各地区人民群众的生活、风俗、习惯以及其所处自然环境的不同，各民族、各地区的民间舞也是千姿百态，具有不同的审美特征。

图 11-24 古典舞

古典舞（见图 11-24）是指传统的、具有民族特色和典范意义的舞蹈。它是在民间舞的基础上，经过历代艺术家的提炼、加工和创造而逐渐形成的。古典舞不仅具有完整的规范性动作和严谨的表演程式，同时也保留和继承了民间舞的传统风格。古典舞标志着一个民族的舞蹈文化在历史上曾达到的高度。

芭蕾舞（见图 11-25）起源于文艺复兴时期的意大利，形成于 17 世纪的法国宫廷。从表演形式上来看，主要有古典芭蕾、现代芭蕾等类型。古典芭蕾有一套严格的程序和规范，尤其重视脚尖鞋的运用和脚尖舞的表演技巧，舞姿端庄、典雅；现代芭蕾强调表现一种思想或激情，淡化了程序化、规范化的要求，动作开放、多变，擅长表达强烈的情感和情绪的波动。

现代舞（见图 11-26）是现代派舞蹈的简称。它是 20 世纪初由美国舞蹈家邓肯首创的。邓肯极力反对当时芭蕾舞因循守旧的形式及脱离现实生活的内容，强调舞蹈艺术要着重表现人的内心世界，主张以自然的表演动作自由地表现情感和生活。后来，经过许多舞蹈艺术家的实践和开拓，现代舞逐渐形成了许多不同风格的流派，在世界各国广泛流传。

图 11-25　芭蕾舞

图 11-26　现代舞

3. 构成要素

一部好的舞蹈艺术作品，包括很多的要素，诸如题材、动作、人物、情节、音乐、环境、表情、节奏、构图等。其中，动作、节奏和构图是舞蹈艺术的三大语言。

（1）动作

抒情性是舞蹈艺术的灵魂。舞蹈艺术没有台词，主要依靠演员的动作、姿态来表现人物的思想感情，如舞蹈中快速的奔跑与跳跃一般表现欢乐与舒畅，缓慢的移动、挥手通常表现忧郁哀伤，轻柔的动作多表现深挚细腻的感情，激烈的动作一般表现愤怒、激动。

（2）节奏

节奏是舞蹈动作的组织基础，没有节奏便没有舞蹈艺术。舞蹈的节奏一般表现为舞蹈动作力度的强弱和速度的快慢。相同的动作由于节奏的变化，可以表现出不同的情绪和情感。

（3）构图

构图是指舞蹈演员在舞台空间上的运动线和画面造型。它是构成舞蹈艺术作品形式美和艺术风格的重要因素。构图对表现主题、创造意境、渲染气氛和塑造形象都具有重要的意义。舞蹈空间的运动线有斜线（对角线）、竖线（纵线）、横线（平行线）、圆线（弧线）、曲折线（迂回线）等。

舞蹈艺术常见构图形式及特点

运动线及画面造型		特点
运动线	斜线	表现推进、延续和纵深感，多用于表现奔放性，用来抒发人物的豪情，表现人物乐观开朗的性格
	竖线	具有强劲的动势，使观众容易产生一种直逼而来的紧迫感和压力感，擅长表现那些正面行进的舞蹈
	横线	一般用来表现平静、稳定自如
	圆线	给人以柔和、流畅和连绵不断的感觉
	曲折线	给人以活泼、灵动的感觉
画面造型	方形	给人以稳定感
	三角形	给人以力量感
	圆弧形	给人以柔和流畅感
	梯形和菱形	给人以开阔感

七、戏剧

1. 概念

戏剧是以文学剧本为基础，以演员表演为中心，借助音乐、舞蹈、美术等艺术手段来塑造人物形象，揭示社会矛盾，反映社会生活的一门综合艺术。

2. 分类

戏剧的种类很多。根据艺术形式和表现手法的不同，可分为话剧、歌剧、哑剧、舞剧和戏曲等。根据题材所反映的时空的不同，可分为历史剧、现代剧和神话剧。根据剧情的繁简和结构不同，可分为多幕剧和独幕剧。根据矛盾冲突的性质和结局的不同，可分为喜剧、悲剧和悲喜剧。喜剧用夸张手法讽刺和嘲笑丑恶、落后的现象，突出这种现象本身的矛盾和它与正常现象的冲突，往往引人发笑，结局大多是圆满的；悲剧以表现主人公与现实之间不可调和的冲突及其悲惨结局为基本特点；悲喜剧，也叫正剧，兼有悲剧和喜剧的因素，多表现严肃的冲突，剧中矛盾复杂，便于多方面反映社会生活，一般具有圆满的结局。

• 知识链接

戏　曲

戏曲是中国传统的戏剧形式，是包含文学、音乐、舞蹈、美术、武术、杂技以及表演等各种元素的综合艺术。

它起源于原始歌舞，到宋、金才形成比较完整的样式。戏曲剧本一般兼用韵文和散文，分“折”或“出”（现代戏曲则多分“幕”或“场”）。剧中人物由生、旦、净、丑等角色扮演。不同角色有不同的程式动作，表演富于舞蹈性，技术要求很高。音乐体式有唱曲牌的“联曲体”、唱7字或10字的“板腔体”等。

据统计，全国各地区各民族的戏曲约有360多个种类，比较著名的有京剧、越剧、黄梅戏、评剧、豫剧等。新中国成立后，戏曲工作者对传统戏曲进行了大量改编和艺术革新工作，编演了新历史剧和现代戏。

图11-27　京剧《霸王别姬》剧照

图11-28　越剧《梁祝》剧照

3. 构成要素

（1）剧本

剧本是戏剧最重要的构成要素，是舞台演出的依据和基础，直接决定着戏剧的思想性和艺术性。剧本质量对戏剧演出的效果具有决定性意义。

（2）表演形象

演员的表演在戏剧中居于本体地位。演员通过扮演角色，运用动作、演唱等方式来塑造舞台形象，表演戏剧情节，展示人物性格，能动地反映社会生活。演员的表演是演员审美感受的“外化”。演员需要通过体会导演的意图，分析和理解角色的性格，并借助于表演技巧，实现对剧本角色的再创造，塑造出生动感人、富有个性化的舞台形象。

● **知识链接**

演员的基本表演方式——动作

戏剧中的动作包括形体动作、言语动作、静止动作及其他主观表现方式。

形体动作，即人物的形体活动，是人物特定心理的外在表现。形体动作的戏剧价值和艺术感染力取决于它蕴含的心理内容的深刻性和丰富性。

言语动作，包括对白、独白、旁白等。对白作为人物心理活动的外在表现，应蕴含丰富的潜台词；作为人物沟通的方式，应对对方有一定的影响力和冲击力。独白是剧中人物孤身独处时直接对观众倾诉内心隐秘或披露内心矛盾的一种方式。旁白是剧中人物背着台上其他人物对观众说的话，主要功能也在于揭示人物内心的隐秘。

静止动作，即剧中沉默、停顿等状况。此时人物沉默不语、静止不动，内心却翻腾着思想、感情的波涛，此时无声胜有声。

（3）物质形象

物质形象指舞台布置、灯光、服装、道具、音响效果等。物质形象要服从表演形象，并与之有机地结合为一个和谐的整体，为完整而生动的舞台形象服务。

• **知识链接**

戏剧小品

戏剧小品（简称“小品”）是戏剧的一种，是20世纪80年代初在我国兴起的一种新的戏剧艺术形式。它往往截取生活的一个片段、一个瞬间、一个场景、一个笑话，甚至是一个动作，从而以小见大，反映深刻的社会内容。

自1984年春节联欢晚会的《吃面条》以来，我国戏剧小品迎来繁荣时期。接着《吃鸡》《卖羊肉串》《考演员》《超生游击队》《相亲》《芙蓉树下》等许多优秀小品走进人们的生活。《擦皮鞋》《如此包装》《过河》《火炬手》《扶不扶》《一个女婿半个儿》等戏剧小品，已成为时代特征的标签。它们短小活泼，贴近生活，深受广大观众的喜爱。

八、电影

1. 概念

电影是融合文学、戏剧、绘画、音乐、舞蹈、摄影等多种艺术手段并吸收现代科技成果而形成的一门现代综合艺术。与戏剧相比，它的综合性更强。它不仅是艺术与艺术融合的产物，也是艺术与科技的结晶。

在电影诞生至今的100多年里，它经历了从无声片到有声片，从黑白片到彩色片，从普通银幕到宽银幕、环形银幕的发展过程，如今还出现了立体全息电影、味觉电影、动感电影等新的电影表现形式。科学技术大大丰富了电影的制作技术及表现手段，成为推动电影艺术发展的因素。

2. 分类

电影的种类主要有艺术片、纪录片、科教片等。通常说的电影艺术，主要指艺术片。艺术片包括故事片、戏曲片、童话片、音乐片、美术片、动画片等。艺术片又以故事片为主。故事片以题材来分，主要有政治片、战争片、社会片、伦理片、历史片、侦探片、武打片、惊险片、科幻片等。

● 知识链接

中国电影金鸡奖历届最佳故事片获奖作品

第一届（1981年）:《巴山夜雨》《天云山传奇》

第二届（1982年）:《邻居》

第三届（1983年）:《人到中年》《骆驼祥子》

第四届（1984年）:《乡音》

第五届（1985年）:《红衣少女》

第六届（1986年）:《野山》

第七届（1987年）:《孙中山》《芙蓉镇》

第八届（1988年）:《老井》《红高粱》

第九届（1989年）:（空缺）

第十届（1990年）:《开国大典》

第十一届（1991年）:《焦裕禄》

第十二届（1992年）:《大决战》

第十三届（1993年）:《秋菊打官司》

第十四届（1994年）:《凤凰琴》

第十五届（1995年）:《被告山杠爷》

第十六届（1996年）:《红樱桃》

第十七届（1997年）:《鸦片战争》

第十八届（1998年）:《安居》

第十九届（1999年）:《那山那人那狗》

第二十届（2000年）:《生死抉择》《横空出世》《我的父亲母亲》

第二十一届（2001年）:《毛泽东在一九二五》

第二十二届（2002年）:《美丽的大脚》《冲出亚马逊》

第二十三届（2003年）:《惊涛骇浪》《暖》

第二十四届（2004年）:《美丽上海》

第二十五届（2005年）:《可可西里》《太行山上》

第二十六届（2007年）:《云水谣》

第二十七届（2009年）:《梅兰芳》《集结号》

第二十八届（2011年）:《飞天》

第二十九届（2013年）:《中国合伙人》《周恩来的四个昼夜》

第三十届（2015年）:《狼图腾》

第三十一届（2017年）:《湄公河行动》

第三十二届（2019年）:《流浪地球》

第三十三届（2020年）:《夺冠》

3. 构成要素

（1）电影镜头

电影语言的基本组成单位是镜头画面。电影要把所要反映的内容分为或大或小、或长或短的画面“段落”，通过拍摄形成一个个镜头（即分镜头），然后把一个个镜头画面衔接起来并连续展现，这便形成了电影作品。以动态的镜头画面来反映和表现生活是电影艺术的根本特点。

根据拍摄的距离，电影镜头可以分为远景镜头、全景镜头、中景镜头、近景镜头和特写镜头。

电影镜头的类型

名称	作用
远景镜头	主要用来展现背景、自然景色，或辽阔深远，或浩渺苍茫，能起到描绘环境和渲染气氛的作用
全景镜头	主要用来表现人物和环境的整体，可以借景抒情、寓情于景
中景镜头	不仅能够显示人物大半身的形体动作，还可以用来表现人物的表情
近景镜头	主要用来展示人物的容貌、神态、衣着、仪表等，揭示人物较细微的情感活动
特写镜头	主要用来突出或强调人物或事件的重要细节，是揭示人物内心世界或事件意义的特殊手段

• 知识链接

特写镜头的作用和美学价值

在各种景别的镜头中，特写镜头有其特殊的作用和美学价值。特写镜头可以细致地表现人物的面部表情，突出物体的局部或事物的细节。特写镜头用在刻画人物上，可以有力地表现人物的外形、行为、表情的细节，表现人物神态的细微变化（如嘴角的一丝微笑、抖动的眼睫毛、抽搐的肌肉、紧闭的嘴唇等），将人物的某一种感情加以渲染，使观众了解人物内心的变化，进入人物的内心世界。

（2）蒙太奇

电影中的一个个镜头需要根据表现内容的要求联结起来，才能构成一部完整的影片。镜头的组接技巧，被称为“蒙太奇”。

蒙太奇是法语 montage 的音译，原是建筑学的术语，意思是“装配”“构成”，后来被借用到电影领域。电影蒙太奇可以把分散的、不同的镜头有机地组接起来，营造出呼应、对比、暗示、联想、象征的效果。蒙太奇不仅可以把画面与画面组接起来，还可以把画面与音响、音响与音响组接起来。蒙太奇手法的运用，不仅可以加强电影的叙述性，构成和展示合乎逻辑的画面，创造出完整的艺术情节，而且能够有力地表现艺术家的思想感情和审美趣味，使艺术家的主观意愿通过酷似生活原貌的视觉直观画面传达出来。这种主客观的融合，使电影艺术获得了强烈的艺术感染力。

（3）长镜头理论

第二次世界大战后，一些电影理论家认为蒙太奇具有割裂时空的局限性，不能提供给观众原始状态的真实，而且主观意识太浓，使影片成为编导主观意愿的图解，于是提出了长镜头理论。所谓长镜头，就是把镜头拍得长一些，以表现真实的时间和空间。长镜头理论主张以等同于实际时间和空间的镜头来拍摄对象的全过程。长镜头常用来交代环境，表现完整的空间，渲染营造特定的情绪或氛围。长镜头的运用，能在整体上真实客观地保持生活的原生形态，也能契合观众的欣赏心理。但长镜头过分强调纪实性，使电影失去了表现的空间，也有其局限性。所以，当代电影大都采用蒙太奇和长镜头相结合的方法。

（4）特技摄影

特技摄影就是采用特殊的设备、技术拍摄场景。特技摄影独具魅力，在电影中的运用相当广泛。它可以拍出许多在现实生活中极少见，或本来就不存在的影像，如人在天空中飞翔、在海面上飘行等幻想的情景；可以拍出虽然在现实生活中存在，但无法根据电影拍摄的需要随时再现的现象，如自然灾害、车祸、战争中的爆炸等。使用特技摄影还常常是出于对安全或成本的考虑，有些场景如按正常情况实拍，对演员或工作人员来说将十分危险，或者费用太高，经济上难以承受。

特技摄影常用的方法有模型摄影、绘画摄影、计算机制作、背景放映，还有倒拍、改变拍摄频率等。特技摄影充分运用合成技术，把不同时空、不同性质、不同比例的事物融合在一起，成为一个统一的画面，从而创造出本来很难实现的富有艺术魅力的情景。

课后活动

1. 谈谈你对下面这个作品主题的理解和认识。

图 11-29 朋友

2. 从书法、绘画、雕塑、电影中选择一个艺术门类，根据下列要求，使用相关软件制作一份电子杂志，并通过新媒体展示出来。

类别	制作要求
书法	1. 按年代顺序介绍 5 种书体（每种书体简介 150 字左右） 2. 每种书体介绍一位书法家，书法家简介 150 字左右、人物图片 1 张、代表作图片 1 张
绘画	1. 从宋元以来的画家中选择 5 位进行介绍 2. 对每个画家及其代表作各用 150 字左右进行介绍，并配人物及代表作图片各 1 张
雕塑	1. 从我国的城市雕塑中选择 10 个作品进行介绍 2. 对每个雕塑作品用 150 字左右进行介绍，并配图片 1 张
电影	对近 5 年获得中国电影金鸡奖最佳故事片奖和中国电影华表奖的优秀故事片进行介绍，每个影片介绍 200 字左右；每部影片配剧照 1 ~2 张

3. 根据老师的安排或自由组合，五六人编成一个小组，以校园生活为题材编写剧本，自导自演，拍摄、制作一部 8~15 分钟的微电影。

第三单元 美的创造

高尔基说："照天性来说，人都是艺术家，他无论在什么地方，总是希望把'美'带到他的生活中去。"社会的进步与人类对美的追求分不开。本单元将着重谈谈如何把审美引入生活，构建诗意生活，缔造美好人生。

第十二课　创设美好环境

- 环境与人类生存和发展的关系如何？
- 创造美好环境的前提和基本要求是什么？
- 如何进行校园环境、家居环境和劳动环境的美化？

环境是人类赖以生存和发展的空间，它大至整个自然界和人类社会，小至一居一室、一木一石。环境美是生活美的重要组成部分，创设美好环境具有普遍的意义。

一、创设美好环境的必要性

人类社会早期，在基本生存状况还极端恶劣的情况下，追求美好环境是不太现实的。随着社会物质生产的不断丰富和发展，创设美好环境便成为人们普遍的心理需求。

1. 创设美好环境是人类生存和发展的必要前提

从宏观上讲，自然界是“人的无机的身体”（马克思语），自然环境是人类生存的物质基础。基于自然界的恩赐，人类的物质生产不断发展，社会更加文明、进步。爱护自然，保护环境，创设美好的生存空间，是人类社会发展的必要前提。

2. 创设美好环境是改善生活质量的重要方式

环境美是生活美的重要组成部分，创设美好环境是人类实现生活理想的必然选择。从家居环境的美化到工厂、学校的植树种草、栽花移木，从城镇建设的布局规划到荒山野岭的改造绿化，这都是为了改善和提高生活质量。

3. 创设美好环境是保持身心健康的需要

苏霍姆林斯基说：“环境的美观是由于天然的和人造的景物的和谐而造成的，这种和谐唤起了人们欢乐的情感。”人不能离开环境而存在，周围环境中的一切随时随地地刺激着人们的感官，影响着人们的情绪。清洁、整齐、美好的环境让人心情舒畅，能激励人们热爱生活，努力工作；而肮脏、杂乱、拥挤的环境容易使人心生厌恶，情绪低落，精神不振，甚至纪律涣散，影响工作、学习。

二、创设美好环境的前提和要求

1. 创设美好环境的前提

人类是自然的产物，而人类的活动又影响着自然环境。进入工业时代以来，科学技术创造了发达的物质文明，但由于缺乏生态环保意识，人类为了满足自身需要，一味从大自然中攫取，导致了环境污染、生态破坏、气候变化等种种危机。这些危机已经严重威胁到人类的生存和发展。如果天空不再蔚蓝，河水不再清澈，空气不再清新，鸟儿不再歌唱，气候不再宜人，我们对周围的小环境进行再多的美化都没有意义。

因此，尊重自然，顺应自然，合理利用和改造自然，控制、治理和消除环境污染，努力改善环境，保护环境，实现人与自然的和谐相处，才能创设真正的环境美。

• 知识链接

绿水青山就是金山银山

绿水青山就是金山银山是时任浙江省委书记的习近平于2005年8月在浙江省安吉县余村考察时提出的科学论断。后来，他又进一步阐述了绿水青山与金山银山之间3个发展阶段的问题。

2017年10月18日，习近平在十九大报告中指出，必须树立和践行绿水青山就是金山银山的理念，坚持节约资源和保护环境的基本国策，像对待生命一样对待生态环境，统筹山水林田湖草系统治理，实行最严格的生态环境保护制度，形成绿色发展方式和生活方式，坚定走生产发展、生活富裕、生态良好的文明发展道路，建设美丽中国，为人民创造良好生产生活环境，为全球生态安全作出贡献。

习近平的“两山”重要思想，充分体现了马克思主义的辩证观点，系统剖析了经济与生态在演进过程中的相互关系，深刻揭示了经济社会发展的基本规律。

图12-1　余村

2. 创设美好环境的要求

（1）整洁、清新、安宁是环境美的基本要求

常言道："讲卫生，美三分。"清代名儒朱柏庐把"黎明即起，洒扫庭除"作为治家格言的第一条。就个人生活空间来说，房间干净，物品整齐，家具摆放合理，养花种草点缀其间，这会让人精神放松，心情愉悦，更好地投入到工作和学习中；就公共生活场所来说，街道整洁，林木成荫，空气清新，时闻鸟鸣，无果皮纸屑，无痰迹泥泞，无废气烟尘，无乱贴乱画，无乱摆乱设，这样的环境能让人感受到生活的美好。

（2）合理布局是环境美较高层次的要求

合理的布局可以给人们的生活带来便利。比如，大街小巷把城市分割，使居住区、商业区、娱乐活动区，井井有条；居民小区辟有绿化带、公共活动区，周围有超市、餐馆等，方便居民生活；住宅楼之间有一定的间距，既便于采光，又避免对视；等等。工作场所、家庭居室、娱乐场所的空间也要合理规划，区分功能，以便于生产生活。

（3）高品位、个性化是环境美的高层次追求

家居环境的高品位、个性化，往往通过对装饰等方面的独特追求体现出来。家居环境能够体现主人的志趣、爱好、品位、修养。人们不但追求家居环境的高品位、个性化，而且追求整个生存和生活环境的高品位、个性化。不少国家和地区在保持和弘扬本地域环境风格的基础上，努力营建生态社区、生态工业区、生态服务区等融环保、科技与人文于一体的人居环境。

• 品美沙龙

新加坡（见图 12-2）是有名的"花园城市"，苏州工业园区（见图 12-3）是我国著名的生态工业园区。它们都是人们生活和旅游的理想处所。

图 12-2　新加坡

图 12-3　苏州工业园区

三、校园环境的美化

马克思说："人创造环境，同样环境也创造人。"校园是学习和生活的场所，高层次、高格调、高品位的校园环境，能对学生起到"润物细无声"的陶冶作用。既要构建诗情画意的自然环境，又要营造立志励行的人文环境，是校园环境美化的基本要求。

1. 校园环境的整体美化

校园宜选建于无噪声、无污染的地方，尽可能处在优美的自然环境中，使学生在校园内处处都能看到大自然的美。

校园建筑布局既要讲究科学，又要讲究艺术，注重整体的协调统一。一般来说，以教学楼、办公楼或图书馆为主要建筑，其他建筑不论从造型风格，还是用料、色彩等方面都应与它们相协调。校舍尽可能不要设计得像火柴盒，民族特色也好，中西合璧也好，现代韵味也好，应当富有变化。

校园规划要讲究一点园林艺术的“借景”。校舍既要与外界隔开，又要巧妙地利用外边的景物。如果校外近处有一座山，山上有一座塔，那么校园建筑最好有一点民族风格，要在每一个地方都能看得见山和塔，每一个角度都是一幅富有意境的图画。校园内的各个部分也应互相衬托，草坪衬托建筑的高大，又显出广场的宽阔；建筑错落有致，绝不重叠和相互干扰。最好还要有点雕塑，让学校弥漫一种艺术气氛。

对大多数学校来说，最重要的是校园绿化，在合适的地方养花、种草、栽树，让校园四季有花，时时有绿。校园的绿化又与公园的绿化不同，学校还要有庄严、整齐的气氛，多多少少带点军营的严整。例如，操场周围的树就最好直排成行，与学生列队、做操的集体活动气氛相协调。

校园建筑布局合理，树木葱茏错落有致，有催人奋进的雕塑（见图 12-4），有肃穆庄严的升旗台……能让人感到校园形的参差美、色的和谐美与意的情趣美。

校园还要注重营造具有教育意义的人文环境，如在墙上刷上校训，拉挂标语，张贴名人画像以及催人向上的名言；在橱窗中展示祖国激动人心的建设成果的图片，或品学兼优学生的照片、事迹、作品等，定期更换，常办常新，使学生在校园里无论走到哪里，都能得到熏陶、鼓励和鞭策。

图 12-4　校园雕塑

2. 教室环境的美化

教室是学生学习知识最重要的场所。教室的美化既要做到大方活泼，整体和谐一致，又要做到窗明几净、桌椅整齐、色彩柔和、光线充足。可以在黑板上方张贴国旗图样，或者校训、班风图片，在两侧墙上贴挂字画或名人画像、名言，在前墙或后墙的恰当位置设置黑板报，开辟学习园地、团支部园地、时事园地等。窗台上有序地摆放一些盆栽植物，讲台上可以置放插花。实训室的美化最好能体现专业特色，如张贴介绍知名企业、知名企业家或产业发展动态的文字等。只有这样，才能营造有活力的氛围，让我们在优美、安宁的环境里身心愉快地学习科学文化知识。

• **知识链接**

寝室美化标准

1. 地面扫净、拖净且无积水，垃圾倒净，保洁工具摆放整齐；门前走廊无垃圾、无积水。

2. 床单平整，床上无杂物；被子朝向一致，枕头置于被子之上。

3. 门窗玻璃明亮，窗框、窗台、门框及气窗干净；桌面干净无水迹，桌上物品摆放整齐、美观。

4. 衣服挂放或叠放整齐美观；鞋放置在床下成一条直线，鞋跟朝外，鞋上无袜子等杂物。

5. 日常生活用品放置整齐；箱子放置整齐，无积灰。

6. 室内空气清新，无异味。

7. 保持寝室墙面清洁，墙上可贴一些健康的字画，营造一定的文化气息。

8. 整体做到布局合理，搭配和谐，整齐、美观、大方，有一定的品位。

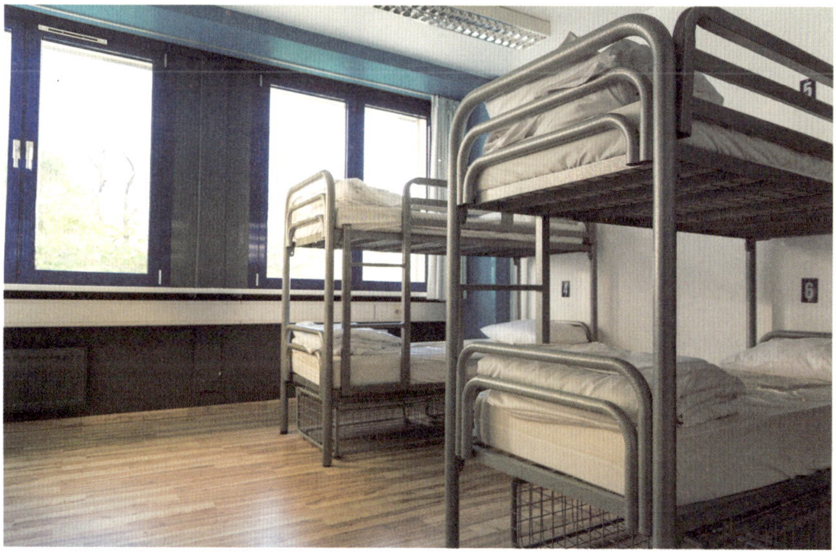

图 12-5 整洁美观的寝室

四、家居环境的美化

居室是人们在工作、学习之后的休息场所，是休憩身心、颐养性情的港湾。家居环境的美化，不仅仅是家庭经济实力的体现，更是家庭成员的精神面貌、思想境界、志趣爱好以及文化修养等各方面的体现。无论是别墅还是普通房屋，都可以美化。我们主张从实际情况出发，在经济实用的基础上追求审美的艺术性，从而创造出符合身心健康需要的生活环境。

1. 整洁美

应及时清扫房屋地面、墙壁、天花板、桌椅、衣柜、灯具、窗台、玻璃上的尘污，洗净被褥及餐、炊具等，并把它们摆放整齐。

2. 布局美

居室的布局往往受到居室面积的限制。有的居室面积不大，但是由于布局合理，便显得极有条理，没有局促之感；有的居室虽然比较宽敞，但是布局零乱，显得拥挤而纷乱不堪。因此，要根据实际情况进行合理布局，善于进行分区规划。在条件允许的情况下，可以把客厅、卧室、书房、餐厅等功能区域区分开来。各个功能区域内也要做到合理布局，家具、器物的摆放位置要合理，保证有足够的活动空间。如果居室面积较小，可以一器多用或一室多用，比如使用组合家具、折叠家具等，使居室显得雅致大方。

3. 色调美

居室色调的搭配，首先要满足人的心理或视觉上的平衡，使人产生舒适感。比如，处理室内地板、墙壁、天花板的色彩关系时，可用下深上浅的配色法，以达到视觉上的重量平衡。其次，要符合居室的功能要求。卧室是用来休息的，书房是用来阅读、思考的，都需要安静，因此用色可选平静色、静感色；餐厅是用餐之地，用黄色和橙色能增进食欲；白色有清洁、卫生之感，用来装饰厨房和卫生间较适宜。再次，要具有统一性。布置居室时要选择好一种基调，适当控制色彩的种类，不要过“花”过“杂”，否则会使居室空间显得狭小、零乱。

4. 情趣美

室内可以摆放一些盆栽绿色植物、花卉，或是插花等，营造室内的一隅绿色空间，使居室充满诗情画意；还可以根据个人的爱好，摆设一些工艺品、古董，或挂贴字画，营造高雅而富有个性的居室情调，寄托自己的审美情操和志向追求。

● 知识链接

用小摆设美化居室

摆设是居室布置的一个重要环节，它不仅体现了一个人的审美情趣、艺术修养，同时还反映了一个人对生活的美好追求。比如，为跟上时代的步伐，可将具有时代气息与高科技感的装饰品摆放在书房的案几上；为品味古色古香，可将字画挂饰恰如其分地悬挂在书房的墙壁上；为追求浪漫、写意的空间，可将鲜花、干草等点缀在书房的角落。

良好的摆设能调节人的情绪。比如，在书房的办公桌面上摆放盆栽或鲜花，可使人心旷神怡；在浴室的玻璃层架上放一件水晶饰品、一只样板香水瓶，能增添优雅的生活情调；在儿童卧室里放置一些布玩具，可陪伴孩子进入甜蜜的梦乡。

居室的摆设大致可分为三大类。第一类是纯艺术性的，如字画、陶瓷、民间工艺品等，可以体现主人的文化涵养。第二类是实用性的，如茶具、酒具、桌布及灯饰等。它们既是日常生活用品，又是工艺品，兼具实用性与装饰性。第三类是手工性的，是主人或亲友亲手制作的装饰品，如织毯、相框、剪纸等，往往有特殊意义或带有感情色彩。如利用废旧物品制作的工艺品，既环保又能增添独特的装饰效果。还有些收藏爱好者将自己收藏的珍品摆放在客厅、餐厅、书房等地方，不仅体现了其个性追求，还能带来与人分享的乐趣。

图 12-6　简洁雅致的客厅摆设

五、劳动环境的美化

劳动环境是影响劳动者心理、生理的一个重要因素，它直接或间接地影响着劳动效率和产品质量。美的劳动环境能激起劳动者愉快高昂的情绪，消除不必要的紧张和疲劳，提高劳动者的积极性；而杂乱、肮脏、吵闹的劳动环境，常常使劳动者感到厌烦，使他们情绪低落，缺乏劳动积极性。可见，改善劳动条件、美化劳动环境意义重大。

1. 厂区环境的美化

许多企业为了提升企业形象，创造良好的生产环境，把厂区建在生态工业区（见图 12-7）内。在选址时，考虑与周围自然环境、建筑景观的和谐性，考虑周围交通及社会服务机构的情况，考虑与周围企业之间的关系等，力求使厂区处在一个优美、和谐、便利的环境中。厂区按照现代企业标准进行规划，布局科学合理，设施齐全。厂区内林道宽整，空气清新，有花木、草坪以及喷泉、雕塑等，使人觉得恬静、舒适、自然，能够身心愉悦地投入到工作中。现代企业还把厂容厂貌的打造纳入企业文化建设之中，如在厂区悬挂国旗、厂旗，张贴企业口号、生产标语，开辟宣传栏、信息公开栏等，这些都能起到振奋员工精神，提高企业凝聚力的作用。

图 12-7　生态工业区

2. 车间环境的美化

生产车间是生产第一线，车间环境的美化对于提高生产效率有着最直接的意义。车间环境受设备安置、场地卫生、采光、照明等影响。设备的安置要符合工艺流程要求。要给操作人员留出足够的活动空间。场地及设备要保持清洁，物品放置要整齐有序。

要合理使用照明设备，消除或减少噪声，保持良好的通风和正常的温度与湿度，合理调配墙壁及设备的颜色。总之，要减少环境对劳动者生理和心理的负面影响，通过对车间环境的改善和美化，使人、机的配合达到最佳状态，从而保证高效率、高质量生产。

• **知识链接**

环境与企业劳动生产率的关系

环境对于企业劳动生产率所起的作用，国外有个统计数字是值得重视的：在其他条件不变的情况下，工厂车间的门窗安置适当并且明净漂亮，劳动生产率可以提高5%~10%；照明设备符合标准并且美观，劳动生产率可以提高10%~30%；车间内外环境以及机器设备色彩适宜并且注意层次变化，劳动生产率可以提高2%~10%；在工作地点正确摆放工具和零件，劳动生产率可以提高5%~10%；最大限度消除噪声并播放经过精心选择的乐曲，劳动生产率可以提高6%~14%；整体生产环境符合美的规律，劳动生产率可以提高10%~35%，原材料和劳动时间的浪费可以减少20%~25%，工作事故可以减少40%~45%。

以上这些数据是否都完全准确，当然还需进一步测量和验证。但有个事实却是毋庸置疑的，即美的环境可以激发劳动者的积极性和创造活力，提高劳动生产率。

图12-8 整洁的车间

3. 5S管理优化环境

5S管理起源于日本，它是在生产现场中对人员、机器、材料、方法等生产要素进行有效管理的一种方式。“5S”是整理、整顿、清扫、清洁和素养这 5 个项目的合称。如今，5S 管理已成为企业现场管理的常用模式。

5S 管理的目标简单而明确，就是要为员工创造一个干净、整洁、舒适的工作场所和环境。其基本内容如下。

（1）整理。明确区分工作现场的各种物品哪些是可用的，哪些是不可用的。对于不可用的物品，要坚决清理出工作现场。

（2）整顿。对工作现场需要留下的物品要进行科学合理的布置和摆放，以便用最快的速度取得所需之物，在最有效的规章制度和最简捷的流程下完成作业。

（3）清扫。在工作过程中，现场会产生灰尘、油污等各种垃圾。脏的现场会使设备精度降低，影响工作质量和员工的工作情绪。因此，必须清除脏物，创建一个明快、舒畅的工作环境。

（4）清洁。整理、整顿、清扫之后要认真维护，使现场保持最佳状态。清洁，是对前三项活动的坚持与深入，是为了进一步消除发生安全事故的隐患，营造一个良好的工作环境，使员工能愉快地工作。

（5）素养。素养即个人的素质与修养。努力提高员工的素养，使之养成严格遵守规章制度的习惯和作风，这是 5S 管理的核心。人员素质不提高，各项活动就不能顺利开展，开展了也坚持不了。所以，抓 5S 管理，要始终着眼于提高人的素质。

图 12-9　5S 管理

- **思考与交流**

5S 管理与美的创设有着怎样的关系？

• 课后活动

1.按照环境美的基本要求，对你所在小区的环境提出一些改善建议，提交给业主委员会或物业管理公司。

2.按照既符合美学原则，又具有个性和文化品位的要求，开展教室和寝室美化活动。

（1）以小组为单位，各自做一份教室美化方案，然后评出一个最佳方案。再对这个方案进行讨论、完善，并付诸实施。

（2）以寝室为单位，对寝室进行整理、布置和美化，然后开展一次评比活动。给优秀寝室拍照，贴到教室的板报区。

第十三课　塑造良好形象

- 我们应当从哪些方面着手塑造良好的形象？
- 人的仪表美、表情美、语言美、行为美各有哪些方面的要求？
- 如何修炼自己的品行和修养？

人是社会生活的主体。契诃夫曾经说过，人的一切都应该是美的：外貌、衣裳、心灵、思想。我们应该努力使自己的外表和心灵都美好，给人以良好的形象。那么，怎样塑造良好的形象呢？

一、仪表美的塑造

仪表美是一种无声的语言，是社会交往中向他人展示的第一张名片。注重仪表美，既是自重自爱的需要，更是尊重他人的表现。仪表美，有助于获得社交和事业的成功。

1. 什么是仪表美

仪表，是指人的外表，一般包括形体容貌、衣饰打扮、举止风度等。

仪表美是一个综合概念，它包含 3 层意思：第一，仪表美是指人的容貌、形体、体态的协调优美。比如，体格健美匀称，五官端正秀丽，身体各部位比例协调，线条优美和谐。这种美是一种自然美，是仪表美的基础。第二，仪表美是指通过修饰打扮以及外在环境影响而形成的美。这是一种创造的美，是仪表美的发展。第三，仪表美是一个人美好而高尚的内心世界和蓬勃旺盛的生命活力的外在表现。这是一种深层次的美，是仪表美的本质。前两者称为外在美，后者称为内在美。二者的统一才是完善的仪表美。所以说，仪表不仅是物质躯体的外壳，还是一个人性格气质、思想情感、道德品质、文化修养乃至社会文明发展程度的体现，它们互为表里，相得益彰。

• 品美沙龙

南开“镜箴”与周恩来的人格魅力

周恩来当年在天津南开中学读书时，教学楼东楼走廊墙壁上设有一面整容镜。镜子上有一木匾，上刻学校创始人严修书写的容止格言——面必净，发必理，衣必整，钮必结。头容正，肩容平，胸容宽，背容直。气象：勿傲勿暴勿怠；颜色：宜和宜静宜庄。周恩来一生严守校训，始终仪容整洁，温文尔雅，真诚大度。他庄重大方的外在形象与伟大的内在品格一致，人格魅力永不磨灭。

2. 体貌美的塑造

每个人都希望自己拥有美的形体和容貌。瘦长的希望自己苗条而不纤弱，肥胖的希望自己丰满而不臃肿，高个儿的希望自己魁梧而不单薄，矮个儿的希望自己灵巧而不瘦弱。但是，遗传对形体和容貌有着决定性的影响，所以首先应当控制和改善遗传因素，禁止近亲结婚或生育，提倡优生优育。人的形体与容貌尽管是先天造就的，但还是可以通过体育锻炼、营养调理、情绪调节等途径得到改善。

（1）参加锻炼

美的形体首先必须是健康的。体育锻炼不仅可以增强体质，使人充满活力，还可以促进骨骼发展和器官发育，使体重及胸围、腰围、臀围、腿围等保持在正常的范围之内，从而起到塑造形体的作用。古希腊人就十分注重体育运动，时常进行体操、跑步、跳高、投掷等锻炼。他们还接受舞蹈训练，以使自己的身段更加优美。因此，他们的身体普遍健壮，骨骼匀称，肌肉丰满而富有弹性。现代社会中，人们充分地认识到锻炼对于塑身的意义，广泛地参加各种体育锻炼和健美活动。青年学生应当抓住自己的黄金时期加强锻炼，使身心得到健康、完美的发展。

图 13-1 瑜伽

图 13-2 普拉提

（2）调节营养

调节营养可以改善皮肤、毛发，使人容光焕发。光润的双颊胜过任何化妆，明亮的肌肤能给人平添几分美丽。如果营养不良、内脏机能衰退，肌肤就会显得暗淡无光。我们可以选择一些高营养价值的食品，如能为皮肤提供蛋白质的鱼类、贝类、乳制品等。皮肤的小问题，也可通过摄取有益肌肤的营养素来加以改善，如果肌肤干燥、皲裂，可多吃蔬菜、水果以补充维生素。拥有一头亮丽的秀发，也是年轻人梦寐以求的。通过吃营养食品从内在进行调理，可以防止头发出现粗糙、分叉及变白等现象。为了肌肤和头发的健康美丽，我们还必须向烟酒说“不”，改变不良的饮食习惯。

（3）保持好心情

“笑一笑十年少，愁一愁白了头”，情绪和人的健康关系极为密切。“怒伤肝、恐伤肾、思伤脾、忧伤肺”，不良情绪损伤人的健康，当然也会影响容貌。当人遇到高兴的事，心情愉悦，面色红润，容光焕发。如果一个人长期忧郁寡欢，焦虑愁闷，则面容黯然无光。在生活中，每个人都会遇到种种不顺心的事，为了健康和美丽，要学会控制和调节情绪，使心理处于平衡状态，如此，健康和美丽便会与我们结缘，青春的活力便会与我们相伴。

3. 妆饰美的塑造

仪表反映出一个人的精神状态和礼仪素养，是人们交往中的第一形象。天生丽质、风仪秀整的人毕竟是少数，然而我们却可以依靠化妆修饰、发式造型、着装佩饰等方式，弥补容貌、形体等方面的不足，并在视觉上把自身较美的方面展露、衬托和强调出来，使形象得以美化。在妆饰打扮时，要注意下列基本要求。

（1）适体美

所谓适体美，就是指一个人的妆饰与他的年龄、体形、肤色、个性、气质、职业、身份等相适宜，表现出的一种和谐的美感。

不同年龄的人，其仪表应体现出不同的风格：青年人应着力展示青春风采，淡淡妆饰以体现自然之美和个性之美；中年人应力求突出成熟风韵，妆饰柔和、服饰优雅以体现成熟之美；老年人宜适当体现沉稳持重、深沉理性的睿智之美。不同体形、肤色的人，也应扬长避短选择合适的服饰，力求突出体形优点、淡化体形缺陷。个性、气质不同的人，可以通过着装、妆饰展示其个性，以期获得外在仪表美与内在精神美的和谐。职业的差异也是影响仪表美化的重要因素。青年学生朝气蓬勃，稍事修饰就能够凸显青春之美。在一般情况下，青年学生不宜化妆、整容和追求奇装异服、高档饰品，否则会失去清纯之美。在就业之后，可以而且应该根据职业岗位的特点，选择能够体现职业形象的服装，并进行必要的、得体的美容妆饰，给人以有活力、有个性的气质印象。

（2）整体美

整体美要求在仪表修饰上把身体视作一个整体，考虑各修饰部位的局部，促成妆饰、着装、佩饰三者之间及其与人自身诸多因素之间的协调一致，营造出整体风采。

妆饰的整体美是指面部、颈部及手等局部的化妆色调、化妆线条、化妆质感和化妆风格给人的整体美感。着装的整体美要求服装本身的色彩、图案、款式、质料和风格等方面与人体相匹配，造就一种和谐统一。佩饰的整体美要求同时佩戴几种饰品时，要在色调、光泽、材质、形态、寓意和风格上取得协调一致。仪表的整体美感就是要让所有的修饰效果造就一种整体上的和谐的美。

思考与交流

鲁迅先生是伟大的文学家，他对着装美学也是有研究的。阅读萧红《回忆鲁迅先生》中的一个片段（有删改），提炼鲁迅先生关于穿衣搭配原则的看法，并谈谈你的体会。

那天我穿着新奇的大红的上衣，很宽的袖子。

我说：“周先生，我的衣裳漂亮不漂亮？”

鲁迅先生从上往下看了一眼：“不大漂亮。”

过了一会又接着说：“你的裙子配的颜色不对，并不是红上衣不好看，各种颜色都是好看的，红上衣要配红裙子，不然就是黑裙子，咖啡色的就不行了；这两种颜色放在一起很浑浊……你没看到外国人在街上走的吗？绝没有下边穿一件绿裙子，上边穿一件紫上衣，也没有穿一件红裙子而后穿一件白上衣的……”

鲁迅先生就在躺椅上看着我：“你这裙子是咖啡色的，还带格子，颜色浑浊得很，所以把红色衣裳也弄得不漂亮了。”

“……人瘦不要穿黑衣裳，人胖不要穿白衣裳；脚长的女人一定要穿黑鞋子，脚短就一定要穿白鞋子；方格子的衣裳胖人不能穿，但比横格子的还好；横格子的胖人穿上，就把胖人更往两边裂着，更横宽了，胖人要穿竖条子的，竖的把人显得长，横的把人显得宽……”

（3）适度美

所谓适度美，就是要求我们在仪表的修饰上，无论是修饰程度，还是饰品数量和修饰技巧，都应把握分寸，自然适度，追求雕而无痕的效果。

修饰是为了突出人的外在美及个性、气质，而不应本末倒置。美与丑仅一步之遥，过分修饰、刻意装点不仅不会使人产生美感，还会给人留下庸俗的印象。饰品意在点缀，恰到好处的点缀似点睛之笔，如锦上添花，但若过分修饰、珠翠满头反而给人轻浮浅薄、庸俗不堪的感觉。修饰一定要把握分寸，仪表不修饰不好，修饰过度更不好，应做到既雕琢又似自然天成。

● **知识链接**

如何穿着职业服装

穿着职业服装不仅是对服务对象的尊重，同时也使着装者有一种职业的自豪感、责任感，是敬业、乐业在服饰上的具体表现。规范穿着职业服装的要求是整齐、清洁、挺括、大方。

整齐。服装必须合身，袖长至手腕，裤长至脚面，裙长过膝盖，尤其是内衣不能外露；衬衫的领围以能插入一指为宜，裤裙的腰围以能插入五指为宜。不挽袖，不卷裤，不漏扣，不掉扣；领带、领结、飘带与衬衫领口要匹配，且要系端正；如有工号牌或标志牌，要佩戴在左胸正上方，有的岗位还要戴好帽子与手套。

清洁。衣裤无污垢、无油渍、无异味，领口与袖口处尤其要保持干净。

挺括。衣裤不起皱，穿前要烫平，穿后要挂好，做到上衣平整、裤线笔挺。

大方。款式简单、高雅，线条自然流畅。

图 13-3 职业服装

• **思考与交流**

阅读下面两则材料，说说你获得的启示。

1. 一项调查显示，当两个人初次见面的时候，第一印象中的 55% 来自外表，包括衣着、发型等；38% 来自一个人的仪态，包括举手投足之间传达出来的气质，说话的声音、语调等；而只有 7% 来源于简单的交谈。也就是说，第一印象中的 93% 都是关于外表形象的。

2. 一位形象设计专家对该国财富排行榜前 300 位中的 100 人进行过调查。调查的结果是：97% 的人认为，如果一个人具有非常有魅力的外表，那么他在公司里会有很多升迁的机会；92% 的人认为，他们不会挑选不懂得穿着的人做自己的秘书；93% 的人认为，他们会因为求职者在面试时穿着不得体而不予录用。

二、人品美的塑造

古罗马政治家、哲学家西塞罗说："人是由自己的风度和品格构成的。"风度是外在的，而品格是内在的。"求木之长者，必固其根本；欲流之远者，必浚其泉源。"我们应把人品的塑造作为个人形象塑造的根本。

1. 什么是人品美

人品美是指人的品格、品德的美。品格是指人的品性、性格，品德是指人的道德品质。人品美是心灵美的重要方面，它标志着人在自我修养和自我完善方面达到的高度。

2. 人品美的内容

人品美所包含的内容很广，其中最基本的要求是，树立社会主义核心价值观，以公民道德规范约束自己。社会主义核心价值观倡导爱国、敬业、诚信、友善，公民道德规范要求爱国守法、明礼诚信、团结友善、勤俭自强、敬业奉献。这里，着重讲讲社会交往对个人道德修养的要求。

（1）真诚友善

真诚就是指内心世界真挚、诚实、坦荡。在与人交往中出自内心的真情，具有一种美的吸引力，容易使人接受，使人在第一时间感受到善意；相反，狡猾、虚伪、奸诈，是人与人交往的最大障碍，具有极大的破坏力。真诚待人还意味着平等待人，那种在处理人际关系时，以金钱至上、权力至上、趋炎附势的利己主义为原则的做法是对人际关系美的玷污，应坚决抵制和摒弃。因此，在人际交往中，我们应言行一致，说老实话，办老实事，做老实人，以形成美的交往关系。

（2）自信谦逊

一个人在社交场合既充满自信而又谦逊有礼，能赢得他人的欣赏，让人乐意与之接近。自信的人能看到自己的长处、优势和力量，在社交场合不会胆怯、羞涩、拘谨，待人接物洒脱、大方，从而展现出交际魅力。当然，自信要有一定的分寸，不要强调个人特殊的一面，也不要有意表现自己的优越感，以致让人敬而远之；还要善于发现并真诚地赞美他人的长处和优点，做到谈吐有节，谦逊有礼，这样才能营造良好的交际氛围。

（3）待人如己

儒家特别推崇“恕”，并把它奉为做人处世的基本准则。子贡是孔子的学生，他问孔子有哪一句话可以奉行终身，孔子说：“其恕乎！己所不欲，勿施于人。”“恕”的意思是推己及人，待人如己。“己所不欲，勿施于人”的意思是自己不希望的事，也不要强加给他人。“恕”，就是要求在社会交往中注意换位思考，克制己欲、谦让他人，从而营造团结和谐的人际关系。这句名言在古代社会被视为人际交往的基本准则，在当今社会仍是建立良好人际关系、树立良好社交形象的信条。

（4）团结合作

无论是在社会交往中，还是在单位中，都离不开与他人的合作。心理学教授乔治·赫华斯博士根据多年的研究认为，一个人事业的成败在于其品质的优劣，成功的九大要素之一就是“与同事真诚合作”，失败的九大要素之首就是“言行孤僻，不善与人合作”。要做到合作顺利，第一要严格要求自己，克服自身弱点，善于自我剖析，敢于自我批评，有自我牺牲精神；第二要学会相容处事，尊重他人的意见，善于看到他人优点，有开阔的胸襟，不要老是盯住别人的缺点，不要为一点小事伤了和气；第三要服从工作分工，既能当红花，也能当绿叶，各司其职，完美配合。

● 思考与交流

对照以上几个方面，想想自己哪些方面需要进一步完善。

3. 人品美的塑造

好的人品需要坚持不懈的自我锤炼。

（1）坚持自省

人是在不断反思和修正错误中进步的。孔子说：“愚而好自用，贱而好自专，灾必及其身。”凡是认识不到自己弱点、缺点和错误的人，难以立足社会，难以成就事业。要具备良好的人品，一定要坚持“吾日三省吾身”，养成经常反思自己的习惯。

（2）严格自律

老子说：“胜人者有力，自胜者强。”自律是一个人道德意识高度自觉的表现。做到了严格自律，就找到了提升道德修养的方法和途径。

（3）持之以恒

良好的人品靠一点一滴养成，要“积小善成大德”“勿以善小而不为，勿以恶小而为之”，慎微慎独，慎始慎终，不仁之事不为，不义之财不期，不正之风不染，不法之事不干。这样，天长日久，锲而不舍，人品自然出类拔萃。

三、表情美的塑造

人是否具有良好的形象，在很大程度上受其内在影响，但内在需要通过表情、语言、行为等表现出来。因此，表情美、语言美、行为美便成为形象美的重要表现形式。

表情是人的内心情绪的流露，人的喜怒哀乐都可通过表情来体现和反映。表情类型有面部表情、声音表情、身段表情 3 种，其中最主要的是面部表情。面部表情是一种无声的语言，可以将我们的内心世界表达出来，对人的语言起着解释、澄清、纠正或强化的作用。眼神（目光）和微笑是最主要的面部表情。

1. 眼神

眼睛是心灵的窗户，眼神能够传达人内心的思想、感情、性格、气质等。根据目光的角度和专注程度等，可把眼神分为直视型、游移型、柔视型、热情型、他视型、斜视型和无神型。在社会交往中，我们要善于运用柔视的眼神。

不同的眼神的社交意味及效果

类型	社交意味及效果
直视型	直视与长时间的凝视，可理解为对私人空间的侵犯，是很不礼貌的。直视对方，使人有压迫感。初次见面或不太熟悉的男性用这种目光看女性，会使女性感到很不自然，以致产生反感。若女性用这种目光看男性，则有失稳重
游移型	与对方谈话时，目光总习惯四处游移，容易给人心神不定、不够坦率和诚实的感觉，不利于双方的交谈
柔视型	目光直视对方，但眼神不是火辣辣的，目光有神，但又不失柔和。这种目光投射出去，给人一种自信和亲切的感觉。有这种目光的人，富有修养，容易与人相处
热情型	目光充满活力，给人以活泼、开朗和蓬勃向上的感觉。这种目光运用得当，可以使对方情绪渐涨，提高谈话兴趣；但如果不分对象，不分场合，一味热情相望，也可能产生相反的效果

续表

类型	社交意味及效果
他视型	与对方讲话，眼睛却望着别处，容易使对方产生误解，是不尊重他人的注视形式
斜视型	目光不是从眼睛正中而是从眼角视向对方的。这极为失礼，让人感到谈话者对自己不够尊重或心术不正
无神型	目光疲软，视线下垂，不时看向自己的鼻尖。这种目光透露出冷漠，往往会使谈话氛围变差

目光的注视区间也是塑造形象美的要素。在社会生活中，应根据不同的场合选择注视区间。

不同的目光注视区间及其社交效果

类型	适用场合	做法及社交效果
公务注视区间	进行业务洽谈、布置任务等谈话时	注视范围一般是以两眼为底线，以前额上部为顶点所连接成的三角区域。由于注视这一区域容易给人严肃认真、气势很足的感觉，所以试图处于谈话优势的商人、外交人员、指挥员常注视该区域，以便帮助他们掌握谈话的主动权和控制权
社交注视区间	普通的社交场合中	注视范围是以两眼为上限，以下颌为顶点所连接成的倒三角区域。由于注视这一区域容易形成平等感，因此，公关人员常注视该区域。注视谈话者这一区域，会让对方轻松自然，因此，他们能比较自由地将自己的观点、见解发表出来
亲密注视区间	具有亲密关系的人交谈时	注视范围主要是对方的双眼、嘴部等。恋人之间，亲朋之间，注视这些区域能够激发感情、表达爱意。“频送秋波”“眉目传情”都是通过注视这样的区域进行的

眼神的表情学问远不止这些，我们可以通过阅读社交礼仪教材或观看相关视频深入学习和实践。

● 思考与交流

揣摩上述几种目光的注视区域的社交意味，同学之间通过模仿演练，进一步把握其社交效果，学会运用恰当的目光与人交流。

2. 微笑

微笑，真诚的微笑是社交的通行证。它向对方表明自己没有敌意，并可进一步表示欢迎和友善。因此，微笑如春风，使人感到温暖、亲切和愉快，它能带来融洽平和的社交气氛。

微笑，发自内心的微笑是生活的润滑剂。微笑是幸福与快乐的流露，人们都在追求幸福和快乐，自然也容易被幸福和快乐的人所吸引。人们看到面带微笑的人，总会觉得这是一个拥有人生乐趣的人，从而愿意接近他，接受他。

一个人想要有微笑的表情，首先，要自信乐观、热爱生活。如果对周围事物漠不关心，或者总是抱怨生活，讨厌身边的人和事，就无法流露真诚的笑容。其次，要胸怀宽广，学会爱、理解、宽恕。最后，要懂得克制，生活中难免会遇到烦恼的事。在遭遇不顺时，要学会克制自己的情绪，绝不要把负面情绪带到工作和社会交往中去。

• 品美沙龙

世界微笑日

世界微笑日，又称国际微笑日，是唯一一个庆祝人类表情的节日，定在每年5月8日。这个节日是由世界精神卫生组织在1948年确立的。5月8日是国际红十字会创始人亨利·杜南的生日。

图 13-4　一起微笑

微笑是人类通用的语言，微笑以其独有的温馨和魅力，为我们生活的这个世界增添了温暖。一项关于“和谐社会”的调查显示，八成以上民众认为“微笑”最能展示一个地方的和谐程度。微笑是人类最靓的表情，微笑是人类最美的语言。让我们把微笑写在脸上，把真诚与温暖带给他人，用微笑培育出和谐的花儿。

四、语言美的塑造

语言美是指人际交往中的言辞的美，它是心灵美在言语上的表现。语言是交际的必要手段，语言的好坏直接影响语言交际的效率和人际关系。

1. 文明健康

和气、文雅、谦逊，是语言美的基本要求。和气是指能平等待人，态度真诚，语气温和，使人感到温暖亲切，而不是粗嗓门大声吼叫，也不是冷酷地训斥别人。文雅是指说话措辞文雅，应对得体，落落大方，文质彬彬，显示出一个人的涵养。文雅的语言，不带下流、庸俗、粗野、侮辱性的字眼，贬义词、生造词也很少。谦逊是指充分尊重对方，不自以为是，不狂妄自大，态度诚恳，语言朴实。注意使用敬辞、谦辞、婉辞。

• 品美沙龙

委婉语、避讳语

委婉语、避讳语是重要的社会礼貌语言。遇到有禁忌或需避讳的时候，有些话直接说出来显得不够礼貌，于是用委婉的方式来表达，借用另外的词语来代替，含蓄曲折些，效果就会好些。比如，把“死了”说成“走了”“老了”，把上厕所说成“去洗手间”，等等。这样的例子，在生活中是比较多见的。

2. 内容充实

语言美，就内容而言，是指言之有据、言之有物。说话要有根据，摆事实，讲道理，实事求是，懂多少讲多少；反之，信口开河，不着边际，人云亦云，都谈不上语言美。要说话算数，守信用，不吹牛，而不是夸夸其谈、花言巧语。

3. 注重方法

常言道：“话有三说，巧说为妙。”所谓巧说，就是说话讲究艺术，讲究方法和技巧。如何提问，如何应答，如何鼓励，如何赞美，如何劝说，如何请托，如何拒绝，都要讲究方式，这样才能取得最佳效果。

● 思考与交流

阅读下面这个案例，说说安全监督员的劝说为什么能够取得成功。

某建筑公司的安全监督员，每当他发现工地上有工人不戴安全帽时，便会严肃地要求工人改正："请把安全帽戴上。"其结果是，受指正的工人虽然不情愿地戴上安全帽，但表情明显不悦，而且等他一离开，工人马上又把帽子拿掉。后来，这位安全监督员决定改变方式。当他再看见有工人不戴安全帽时，便会问帽子是不是戴起来不舒服，或是尺寸是不是不合适，同时他还说明安全帽如果不舒服或不合适，安全防护的效果可能会受到影响。这样做效果比以前好了很多，工人更易于接受。

4. 讲究形式

语言美，就形式而言，是指逻辑严密、语言规范、语句生动、语音优美。逻辑严密是指语言明确，不含糊其词，遵循逻辑方法表达思想。语言规范是指语言表达合乎语法规范。语序颠倒、动宾搭配不当、省略不得要领等都会影响语言美。语句生动是指遣词用句形象、生动。幽默的方式、修辞的手法等都可以使语句生动。语音优美是指语调、音色、语势的优美。这些美都具有迷人的魅力，有助于表达思想、交流感情。

那么，怎样才能做到语言美呢？首先，要加强思想道德的修养。语言美是心灵美的外在表现，要想做到语言美，就要从心灵美做起，提高道德修养。其次，要加强文化修养。语言修养与文化修养密切相关，文化修养提高，谈吐才能文雅。最后，要加强学习和实践。语言的艺术不是与生俱来的，也不是一蹴而就的，需要不断地学习、训练和实践才能掌握。

五、行为美的塑造

行为美是指人在社会生活中举止方面表现出来的美。美的行为根源于心灵，能反映美好的思想情操和道德修养。行为美主要表现在品行素养、习惯嗜好和待人接物等方面。一般可以分为两类：一类是英雄壮举，如见义勇为、扶危救困的行为等；一类是日常行为，如礼貌服务、诚恳待人、助人为乐、敬业爱岗、奉公守法、爱护环境等。

就我们青年学生而言，遵守法律法规和学校规章制度、爱惜粮食、节约水电等，都是美的行为。在日常生活中，我们还要认识到哪些行为是丑的，自觉地加以摈弃抵制。具体地说，要做到：

1. 不损害集体利益

对学生来说，不损害集体利益就是不损害班级和学校的利益。我们生活在集体中，每一个行为的好坏美丑，都会直接影响到集体的利益。参加工作后，还要自觉维护企业利益、企业形象。

2. 不破坏公物

公物是集体或国家的财产，每一个公民都有义务来保护。从学校的角度来说，校舍及校内的各种公物属于集体所有，是我们学习、锻炼、生活的物质条件。爱护学校的公共财物，具体表现为爱护教室里的墙壁、电灯、桌椅、讲台、黑板，以及门窗玻璃等；借来的图书应尽量避免损污；使用各种实验仪器、实习设备、体育器材时，要严格按操作规程做，轻拿轻放；不攀折校园的花草树木；不在墙壁及布告栏等处涂抹乱画。从社会的角度来说，爱护公共财物是指爱护公共设施、文物古迹、各种建筑、森林河流、花草树木以及珍奇动物等。

3. 不危害社会秩序

社会秩序指社会生活中的公共秩序。为了保证社会的正常稳定运行，避免混乱、灾祸，势必要制定各个方面的公共秩序，如交通秩序、购物秩序、旅游秩序、公共集会秩序、观看演出或比赛秩序、就医秩序、阅览秩序等。如果没有社会秩序，则会发生混乱。交通堵塞，车祸频发，商店里拥挤争抢，影剧院嘈杂喧嚷，那将是多么可怕的景象！因此，我们必须严格要求自己，自觉遵守社会秩序。要遵守交通规则，不违章骑车，过马路要走人行横道。乘公共汽车，要主动买票，按次序上下车。遵守商场秩序，购物时按先后顺序。参观博物馆、纪念馆，要遵守场馆秩序。瞻仰烈士陵墓，要保持肃穆。观看演出和比赛，要做文明观众，按时入场，不要大声喧哗、起哄、吹口哨、喝倒彩。演出结束谢幕时，要起立向演员鼓掌，退场时要自然相随，不拥挤硬闯，不在背后推人等。

行为美是一个人文明程度的主要检验标准。一个人美不美，主要看他的种种行为，而不是只看他的言语。人的心灵美、情感美、意志美、性格美等，无一不是通过行为来表现的。正如古人所说："桃李不言，下自成蹊。"

• 思考与交流

我们的校园里是否存在不美的行为？如果有，应当如何矫正？

• 课后活动

1. 从《论语》中摘录 10 条有关语言美、行为美、人格美的语句，并说说你受到的启发。

2. 在现代社会，社交礼仪越来越被人们重视。试结合未来职业岗位需要，查找资料，5 人一组，编辑一份关于社交礼仪的电子刊物。要求选编不少于 5 篇文章，每篇文章不少于 300 字（配图片 1~2 张），注意版式美观。编辑完成后，通过多媒体分享出来。

第十四课　培养高雅生活情趣

- 什么是生活情趣？
- 高雅情趣与庸俗情趣有什么区别？庸俗情趣有哪些危害？
- 高雅的生活情趣都有哪些？怎样培养高雅的生活情趣？

哲学家罗素说：“一个明智地追求快乐的人，除了培养生活赖以支撑的主要兴趣之外，总得设法培养其他许多闲情逸趣。”我们在学习专业知识和技能之外，还应培养健康的生活情趣，让生活变得充实而快乐。

一、培养高雅生活情趣很重要

情趣指意趣、性情、志趣。凡是人们的兴趣、爱好、消遣都可以归入生活情趣的范畴。比如，读书、养花、听音乐、打球、旅游等，都是生活情趣。简单地说，一个人的兴趣和爱好，就构成了他的生活情趣。

生活情趣是人类精神生活的一种追求，是对生命之乐的一种感知，是一种审美感觉上的自足。

随着物质生活条件的不断改善，随着社会、文化、娱乐事业的发展，人们的娱乐方式在增多，审美情趣也在变化。书法、美术、摄影（见图 14-1）、舞蹈、集邮、健身等富有情趣的文化娱乐活动，为生活增添了无穷乐趣。但是，任何事情都是一分为二的，生活情趣也有雅俗、良莠之分。我们要培养高雅的生活情趣，抵制庸俗的生活情趣。

图 14-1　摄影

高雅情趣是指健康、科学、文明、向上的情趣。它能使人追求健康、文明的生活方式，能使人修身养性，经常保持一种良好的心态，有益于身心健康。高雅的情趣可以拓宽人们学习和活动的领域，发展人的想象力，使人充满活力，有助于开发智力和激发创造力。高雅情趣能催人上进，改变人的精神面貌，提高人的文化修养，陶冶高尚的情操，使生活更加充实而富有意义。

• 知识链接

健康的业余活动的意义

爱好读书练字，既可以提高文化素养、丰富精神世界，又可以锻炼毅力、陶冶性情。爱好集邮，可以从收集和整理邮票的过程中了解世界各国的历史地理、风土人情，拓宽视野，丰富知识。爱好棋类活动，可以发展智力，锻炼逻辑思维和辩证分析能力，强化战略战术和思维的周密性、灵活性。爱好戏剧或电影，可以在光与影的交织中体味世间冷暖、感悟人生智慧、学习拼搏精神。爱好登山、打球、健美等体育运动，在练就强健体魄的同时，还可以磨炼一个人坚韧不拔的意志，为学习和工作打下良好的心理和生理基础。

庸俗情趣是指平庸鄙俗、不高尚的情趣，它会使人经受不住不良诱惑，贪图安逸享乐，不思进取，精神颓废，不利于身心健康。在现实生活中，有些同学迷上电子游戏，而又不能节制，导致学业荒废。还有些同学迷恋黄赌毒，不能自拔，甚至走上违法犯罪的道路。

二、坐拥书城，陶冶性情

1. 让读书成为一种生活方式

（1）读书可以丰富人

读书人除了拥有现实的世界之外，还拥有另一个更为浩瀚也更为丰富的精神世界。读书能使我们了解自然和社会，前知远古后及未来。人们通过阅读，可以进入不同时空的诸多他人的世界，从而增长自己的见识。一些名人甚至把读书当成生命的扩展。作家阿巴斯·阿卡德说：“阅读——而不是别的，可以给我比一个人的生命更多的生命，因为它从生命的深处增加了生命，尽管它并不能在时间上延长它。”

（2）读书可以感化人

读书可以使人的精神受到感化，正如北京大学教授谢冕所说：“人们从读书学做人，从那些往哲先贤以及当代才俊的著述中学得他们的人格。人们从《论语》中学得智慧的思考，从《史记》中学得严肃的历史精神，从《正气歌》学得人格的刚烈，从马克思学得入世的激情，从鲁迅学得批判精神，从列夫·托尔斯泰学得道德的执着。歌德的诗句刻写着睿智的人生，拜伦的诗句呼唤着奋斗的热情。”

（3）读书可以濡染人

读书可以陶冶性情，滋润气质。人要成为合格的人，就得加强文化修养。文化对塑造一个人的灵魂与形象，具有很大的作用。苏轼说：“腹有诗书气自华。”只有认真读书，用文化滋养自己，才能有那种发于中而形于外的真正的美。有人说，40 岁以后，每个人应为自己的面貌负责。意思是其美丑已与先天无关，关键是自己能不能通过读书汲取文化来“滋润”自己的面貌，让面貌更美。当然，人通过读书改变面貌，不会像穿一件新衣，或擦一次化妆品那样“立竿见影”，它是一个长期的潜移默化的过程。

图 14-2　腹有诗书气自华

关于读书的乐趣，古今中外多有论述。古人云：“至乐无如读书，至要莫如教子。”有位卸任的政府工作人员曾说：“卸职以后最大的喜悦是可以读自己爱看的书。”在人类文明高速发展的今天，选择读书就是选择了一种高尚的生活方式。

2. 培养阅读的兴趣和习惯

（1）要多读书，读好书

书的世界浩瀚如海，即使勤奋的读者，毕其一生所能读完的书也不过数万本，所以选择尤其重要。青年人正处在人生观、世界观形成的关键时期，那些低级趣味、内容庸俗的书刊不但不能净化思想、提高认识，反而会影响心理健康，不利于正确价值取向的形成，这就违背了读书的初始意义，必须自觉抵制。选择那些被时间证明了的经典名著是比较可靠的方法。作家莫洛亚曾说："名著之多，我们已经无暇一一问津。要相信前人的选择。一个人兴许看错，一代人也兴许看错，而整个人类不会看错。"名著是人类的精神食粮，能给我们以深刻的人生启示。此外，我们还应该读读社会、历史、科技等方面的书籍报刊，以了解历史的发展，把握时代的主旋律，跟上社会发展的节奏。

（2）要挤时间读书

当询问一个人对读书的看法时，大家都会说应该读书，也愿意读书。如果更进一步问读了多少书，或正读什么书时，很多人又会两手一摊，不无遗憾地说，实在是没有时间，他在完成老师布置的作业，他在为生活奔忙等。真的是没有时间吗？整天、整小时的时间可能真的没有，但一二十分钟、半个小时的时间还是多得很。所以，要记着随时随地利用空闲时间来读书，把阅读的习惯编织进日常生活中，而不是等有空或有时间时再来读书。

（3）要愉快地读书

读书是为了享受人生、享受生活，更理想化一点是为了净化心灵。不要把读书变成苦读，当成艰苦的任务。不妨保持轻松的心情，在书的海洋中悠闲遨游，走入书中所描述的世界里，尽情享受这种人生至乐。当然，我们提倡愉快地读书，并不是主张读而不思，消极接受，而是主张以享受生活的心态来读书。

● 知识链接

从外卖小哥到中国诗词大会冠军

2018 年 4 月 4 日，在《中国诗词大会》第三季总决赛的舞台上，一位名不见经传的杭州外卖小哥雷海为，击败被寄予厚望的北京大学文学硕士彭敏夺得桂冠。爆冷门的比赛结果，让雷海为一夜之间成为“网红”。

雷海为，1981 年出生于湖南省邵阳市洞口县。2001 年中专毕业后，先后在深圳、上海、杭州等地打工。2002 年，他被改编自金庸小说《侠客行》的电视剧打动了。直到 2004 年，才在偶然间找到了《侠客行》全诗，他兴奋得当场就背了下来。后来他经常去书店读诗、背诗，看完回去默写，忘了再回去翻看。

2011 年，快递业兴起，雷海为开始送快递。2015 年，外卖行业兴起，雷海为开始全职送外卖。但他爱诗歌的心从未改变。等外卖的那些零碎时间，都被他用来读书、背诗。

2018 年 3 月 26 日，在《中国诗词大会》第三季第四期节目中，雷海为惊艳全场，却因总分不高遗憾下场。下场时，雷海为喊出“我还会回来”的口号。总决赛那天，最终他夺冠了！

中央电视台主持人这样对他说：“你在读书上花的任何时间，都会在某一个时刻给你回报。我觉得你所有在日晒雨淋、在风吹雨打当中的奔波和辛苦，你所有偷偷地躲在那书店里背下的诗句，在这一刻都绽放出了格外夺目的光彩。”

三、娱乐运动，丰富生活

除了读书，我们还可以参加各种娱乐活动，比如欣赏音乐、唱歌跳舞、下棋打牌、观看影视作品，或者参加各种体育运动。

1. 欣赏音乐

欣赏音乐是一种很普遍的娱乐方式。无论在遥远的古代，还是在科技飞速发展的现代，音乐都以它自身的魅力，成为人类重要的精神伙伴。音乐能拉近人们的距离。伯牙一曲《高山流水》觅来知音钟子期，浔阳江上琵琶女的高超演奏技巧深深打动了白居易，一曲《美丽的亚美利加》让访华的尼克松倍感亲切。音乐可以鼓舞斗志，增强凝聚力，这正是国家要有国歌，军队要有军歌的缘故。有的学校有校歌，有的企业有企业歌，目的也是如此。优美动听的音乐还能增强体质，延年益寿。音乐对人的神经系统起着安抚和保健作用，多听音乐能使人的头脑更加聪明、理智，精力更加旺盛，体力更加充沛。音乐还能起到延缓大脑衰老、唤回失去的记忆等作用。

音乐是如此的美妙和伟大，让我们在流动的音符中，寻找昔日生活的印迹，放纵欢笑、流泪，编织七彩的梦想，让心灵超越无限的时空。

2. 观看影视作品

有人说，电影是音乐；也有人说，电影是诗；还有人说，电影应该是舞蹈；更有人说，从构图上看电影应当是绘画和雕塑，从结构上看它应当是建筑……但不管人们对电影的认识如何不同，电影这一人类的“第七艺术”，自诞生以来，就以它独特的艺术魅力让不同国度、不同肤色、不同年龄、不同身份的观众为之倾倒、为之痴狂。那一部部情节紧凑的精品佳作，那一幕幕经久难忘的银幕场景，那一个个栩栩如生的人物，那一首首脍炙人口的插曲，在历史的长河中虽几经风霜，但仍如陈年老酒，散发出令人心醉神迷的幽香，让人驻足回眸，流连其中。近些年来，国外大片、国产佳作层出不穷，大大丰富了人们的精神生活。

电视的产生略晚于电影，但它后来居上，如今已发展成为最具大众性、最有影响力的传播媒介之一。电视节目异彩纷呈，滚动播出的整点新闻会为人们提供源源不断的信息，电视连续剧牵引着观众的心，电视广告甚至会左右观众的消费行为。需要注意的是，电视为观众提供了丰富的精神食粮，同时也带来了一些负面影响。比如，许多人对电视好像有一种心理依赖，甚至思想、观念乃至行为方式都受着它的影响；电视暴力会误导青少年，甚至给社会造成危害；电视节目的模式化以及某些庸俗化的倾向，对于人们审美思想的发展也是一种污染和摧残。因此，要正确地认识和对待电视。

• 思考与交流

谈谈你对现今电视里的一些选秀、相亲、竞赛节目的观看感受及看法。

3. 网络觅趣

网络已成为我们生活中的重要角色。网络不但给我们的工作和学习带来方便，而且也使我们的生活变得丰富多彩。通过网络，可以及时地了解新闻，真正做到“秀才不出门，全知天下事”；可以读小说、散文，听音乐，看电影，玩游戏；可以收发电子邮件，交友聊天，登录论坛等。

当然，不正确使用网络的弊端也十分突出。有些人玩物丧志，无节制地玩游戏，甚至浏览不健康的网页，不但浪费时间，而且影响身心健康，甚至会造成一些社会问题。因此，我们也要正确认识和对待网络，让它成为我们日常学习和工作的帮手，成为一种健康的休闲工具。

4. 体育运动

参加体育运动可以强健筋骨，锻炼意志，塑造个性。运动不仅可以让我们放松身心，展示活力，还可以让我们从自身的力量和技巧中获得一种自我肯定，发现自身的价值，从而获得一种精神愉悦。

图 14-3 我运动，我快乐

当然，生活中健康的娱乐休闲方式远不止上述这些，我们不妨多方面培养自己的爱好、兴趣，如弹奏乐器，练习书法、绘画、摄影，种植花草等，让生活变得丰富多彩，让人生充满欢乐。

四、走向户外，览胜探幽

大自然是最美的天堂。我们可以利用节假日，走到大自然的广阔空间去放松身心。我们可以漫步在林荫道上，驻足在水池花坛旁；可以玩味鲜花的艳丽，青草的柔长；可以静观池鱼的灵动，谛听鸟雀的呢喃；可以观赏朝霞夕阳的绚烂，聆听小溪流水的潺潺……大自然能给我们以弥久的心灵慰藉，让我们充分感受到生命与生活的自由自在。

如果条件允许，我们可以选择外出旅游。我国群山耸立，名山无数：雄伟壮观的泰山，飞瀑磅礴的庐山，巍峨险峻的华山，清秀明丽的峨眉山……真是群山竞秀，美不胜收。我国水域辽阔，水体多样：平稳的江河，略带湍急；浩渺的湖泊，蕴含温柔；疾落的瀑布，展示力量；深邃的海洋，孕育神秘；奇崛的冰川，冷艳壮观……江山多娇，令人神往。

图 14-4　旅游探胜

除了自然景观，还可以欣赏人文景观。我们的祖国历史悠久，有着几千年的灿烂文明，历史古迹、文化遗产之多，内容之丰富，在世界上是罕有其匹的。

我国还是一个统一的多民族国家。各民族在生活地域、居住环境、饮食风俗、宗教信仰、审美等方面有其特色，这促成了当代旅游中的民族风情旅游。

• 品美沙龙

有趣的民族风情旅游

我国的民族风情旅游资源丰富，如吉林延吉朝鲜族、内蒙古鄂尔多斯蒙古族、新疆喀什维吾尔族、四川凉山彝族、湖南江华瑶族、广西融水苗族风情旅游等都很有特色。游人到了这些地方，可以看到不同风格的建筑，如傣族竹楼、客家围屋、瑶族吊脚楼、白族大理三塔、蒙古族蒙古包（见图14-5）等；可以观赏到各种充满民族情调的服饰和工艺品，如蜡染、竹编（见图14-6)、手绣坎肩、荷包等；可以领略到各种不同的节日习俗，如彝族、白族、纳西族等族的火把节，傣族的泼水节，藏族的雪顿节，苗族的芦笙节等；还可以品尝到各种土特产，如白族的三道茶、苗族的拦路酒与打油茶、蒙古族的奶茶与马奶酒、满族的萨其马、维吾尔族的抓饭与馕、藏族的青稞酒与酥油茶等。总之，民族风情旅游能让我们领略到各个民族的生活风貌，从中获得无尽的趣味。

图14-5 蒙古包

图 14-6 竹编

● **知识链接**

世界遗产中国名录

截至 2021 年 7 月，我国已有 56 项世界遗产。其中，世界文化遗产 38 项、世界文化与自然双重遗产 4 项、世界自然遗产 14 项。

世界文化遗产（38 项）

1. 长城（河北、北京、甘肃，1987 年；黑龙江、吉林、辽宁、天津、山东、河南、山西、陕西、宁夏、青海、内蒙古、新疆，2002 年）：世界上最大的军事设施。

2. 明清皇家宫殿（北京故宫，1987 年；沈阳故宫，2004 年）：清朝历史、满族和中国北方其他部族的文化的历史见证。

3. 莫高窟（甘肃敦煌，1987 年）：雕像和壁画，展示了延续千年的佛教艺术。

4. 秦始皇陵及兵马俑坑（陕西西安，1987 年）：第一位统一中国的皇帝秦始皇的陵墓和成千上万件陶俑。

5. 周口店“北京人”遗址（北京房山区，1987 年）：远古时期亚洲大陆人类社会的一个罕见历史证据。

6. 拉萨布达拉宫历史建筑群（西藏拉萨：布达拉宫，1994 年；大昭寺，2000 年；罗布林卡，2001 年）：集行政、宗教、政治事务于一体的综合性建筑。

7. 承德避暑山庄及周围寺庙（河北承德，1994 年）：保留着中国封建社会末期的罕见历史遗迹。

8. 曲阜孔庙、孔林和孔府（山东曲阜，1994 年）：包括孔子及其后裔的宗庙、墓地和宅邸的庞大建筑群。

9. 武当山古建筑群（湖北丹江口，1994 年）：中国宗教建筑艺术的典范。

10. 庐山国家公园（江西九江，1996 年）：集风景、文化、宗教、教育、政治为一体的千古名山。

11. 平遥古城（山西平遥，1997 年）：保存完整的汉民族城市的杰出范例。

12. 苏州古典园林（江苏苏州：拙政园、环秀山庄、留园、网师园，1997 年；沧浪亭、狮子林、艺圃、耦园、退思园，2000 年）：体现中国古典园林设计“咫尺之内再造乾坤”的理想。

13. 丽江古城（云南丽江，1997 年）：把经济和战略重地与崎岖的山势巧妙地融合在一起。

14. 北京皇家园林——颐和园（北京海淀区，1998 年）：中国风景园林设计中的杰作。

15. 北京皇家祭坛——天坛（北京东城区，1998 年）：保存完好的坛庙建筑群。

16. 大足石刻（重庆大足，1999 年）：被公认为“中国石窟艺术皇冠上的一颗明珠”。

17. 青城山-都江堰（四川都江堰，2000 年）：中国著名的道教名山；年代最久、唯一留存、以无坝引水为特征的宏大水利工程。

18. 龙门石窟（河南洛阳，2000 年）：代表中国石刻艺术的最高峰。

19. 明清皇家陵寝（湖北钟祥明显陵、河北遵化清东陵、河北易县清西陵，2000 年；江苏南京明孝陵、北京昌平明十三陵，2003 年；辽宁沈阳、抚顺盛京三陵，2004 年）：阐释封建中国持续500余年的世界观和权力观。

20. 皖南古村落——西递、宏村（安徽黟县，2000年）：保持20世纪已经消失或改变了的乡村的面貌。

21. 云冈石窟（山西大同，2001年）：中国佛教艺术发展史的第一个巅峰。

22. 高句丽王城、王陵及贵族墓葬（辽宁桓仁、吉林集安，2004年）：包括3座王城和40座墓葬的考古遗迹。

23. 澳门历史城区（澳门，2005年）：见证了东西方美学、文化、建筑和技术影响力的交融。

24. 殷墟（河南安阳，2006年）：商代晚期的古代都城。

25. 开平碉楼与村落（广东开平，2007年）：代表了近5个世纪塔楼建筑的巅峰。

26. 福建土楼（福建龙岩、漳州，2008年）：世界上独一无二的神话般的山村民居建筑。

27. 五台山（山西忻州，2009年）：反映了悠久的佛教文化传统，以及人与自然的和谐统一。

28. 登封"天地之中"历史古迹（河南登封，2010年）：古代建筑中用于祭祀、科学、技术及教育活动的最佳典范之一。

29. 杭州西湖文化景观（浙江杭州，2011年）：由古至今，西湖的湖光山色引得无数文人骚客吟咏兴叹。

30. 元上都遗址（内蒙古锡林郭勒盟，2012年）：见证了北亚地区游牧文明和农耕文明的碰撞及相互交融。

31. 红河哈尼梯田文化景观（云南红河哈尼族彝族自治州，2013年）：被誉为"伟大的大地雕刻"。

32. "大运河"（北京、天津、河北、山东、河南、安徽、江苏、浙江，2014年）：世界上修造时间最早、使用最久、空间跨度最大的人工运河。

33. 丝绸之路“长安—天山廊道路网”[（中国部分）河南、陕西、甘肃、新疆，2014 年]：世界最长的文化遗产线路。

34. 土司遗址（湖南永顺、湖北咸丰、贵州遵义，2015 年）：见证古代中国对西南山地多民族聚居地区独特的管理智慧。

35. 广西左江花山岩画文化景观（广西崇左，2016 年）：世界岩画艺术的代表作之一。

36. 鼓浪屿（福建厦门，2017 年）：历史国际社区，素有“海上花园”之誉。

37. 良渚古城遗址（浙江杭州，2019 年）：杰出的早期城市文明代表。

38. 泉州（福建泉州，2021 年）：宋元中国的世界海洋商贸中心，完整呈现了 10 至 14 世纪在中国成功实践的海外贸易体系。

世界文化与自然双重遗产（4 项）

1. 泰山（山东泰安，1987 年）：中国艺术家和学者的精神源泉。

2. 黄山（安徽黄山，1990 年）：被誉为“中国第一奇山”。

3. 峨眉山-乐山大佛（四川峨眉山、乐山，1996 年）：佛教圣地和动植物多样性保护区。

4. 武夷山（福建：武夷山，1999 年；江西：北武夷山，2017 年）：中国东南部最负盛名的生物多样性保护区。

世界自然遗产（14 项）

1. 武陵源风景名胜区（湖南张家界，1992 年）：沟壑、峡谷纵横，溪流、池塘和瀑布随处可见。

2. 九寨沟风景名胜区（四川南坪，1992 年）：高差悬殊、气候多样、山明水秀。

3. 黄龙风景名胜区（四川松潘，1992 年）：素有“世界奇观”“人间瑶池”的美誉。

4. 云南三江并流保护区（云南丽江、迪庆藏族自治州、怒江傈僳族自治州，2003 年）：世界上罕见的高山地貌及其演化的代表地区。

5. 四川大熊猫栖息地（四川成都、阿坝、雅安、甘孜 4 个市州 12 个县，2006 年）：地球历史与地质特征研究的典型区域。

6. 中国南方喀斯特（重庆武隆、贵州荔波、云南石林，2007 年；广西桂林、贵州施秉、重庆金佛山、广西环江，2014 年）：世界上最壮观的热带至亚热带喀斯特地理样本之一。

7. 三清山国家公园（江西上饶，2008 年）：具有 1 600 余年历史的道教名山。

8. 中国丹霞（贵州赤水、福建泰宁、湖南崀山、广东丹霞山、江西龙虎山、浙江江郎山，2010 年）：发育了绝妙的自然景观，是反映地球大陆地壳中生代以来演化特征的杰出范例。

9. 澄江化石遗址（云南澄江，2012 年）：地球上发现最集中、保存最完整、种类最丰富的"寒武纪生命大爆发"例证。

10. 新疆天山（东起新疆哈密星星峡戈壁，西至乌兹别克斯坦的克孜勒库姆沙漠，2013 年）：全球温带干旱区大型山地生态系统的最典型代表。

11. 神农架（湖北西部，2016 年）：自然资源丰富，生物多样性高，珍稀动物多。

12. 青海可可西里（青海西部，2017 年）：拥有非凡的自然美景和得天独厚的高原生态系统。

13. 梵净山（贵州铜仁，2018 年）：东方落叶林生物区域中物种最丰富的热点区域之一。

14. 中国黄（渤）海候鸟栖息地（第一期）（江苏盐城，2019 年）：为数以百万迁徙鸟类提供了丰富的食物资源，有世界上最大的潮间带泥滩系统。

人类非物质文化遗产代表作中国名录

人类非物质文化遗产是指经联合国教科文组织评选确定的遗产项目。目前，我国共有 42 个项目列入《人类非物质文化遗产代表作名录》，7 个项目列入《急需保护的非物质文化遗产名录》（序号前带 * 的项目）。我国是世界上入选非物质文化遗产数量最多的国家。

1. 昆曲（2008 年）：中国现存最古老的剧种之一。

2. 古琴艺术（2008 年）：世界最古老的弹拨乐器之一。

3. 新疆维吾尔木卡姆艺术（2008年）：集歌、舞、乐于一体的大型综合艺术形式。

4. 蒙古族长调民歌（2008年）：凝聚蒙古族人民智慧结晶的音乐艺术形式（与蒙古国联合申报）。

5. 中国篆刻（2009年）：以石材为主要材料，以汉字为表象，于方寸间施展技巧、抒发情感。

6. 中国雕版印刷技艺（2009年）：开创人类复印技术的先河。

7. 中国书法（2009年）：特有的造型符号和笔墨韵律。

8. 中国剪纸（2009年）：用剪刀或刻刀在纸上剪刻花纹，表达了广大民众的审美情趣。

9. 中国传统木结构营造技艺（2009年）：反映中国传统社会等级制度和人际关系。

10. 南京云锦织造技艺（2009年）：存续着中国皇家织造的传统。

11. 端午节（2009年）：蕴含独特民族精神和丰富文化内涵的节日。

12. 中国朝鲜族农乐舞（2009年）：集演奏、演唱、舞蹈于一体，反映传统农耕生产生活中祭祀祈福、欢庆丰收的民间表演艺术。

13.《格萨（斯）尔》（2009年）：关于藏族古代英雄格萨尔神圣业绩的宏大叙事。

14. 侗族大歌（2009年）：承载和传递着侗族的生活方式、社会结构、人伦礼俗、智慧精髓等至关重要的文化信息。

15. 花儿（2009年）：流传在中国西北部各民族中共创共享的民歌，具有多民族文化交流的特殊价值。

16.《玛纳斯》（2009年）：中国三大史诗之一。

17. 妈祖信俗（2009年）：以妈祖宫庙为主要活动场所，以习俗和庙会为表现形式，传播至世界20多个国家和地区。

18. 蒙古族呼麦歌唱艺术（2009年）：蒙古族创造的一种神奇的歌唱艺术。

19. 南音（2009年）：集唱、奏于一体，是中国现存最古老的乐种之一。

20. 热贡艺术（2009 年）：唐卡、壁画、堆绣、雕塑等佛教造型艺术。

21. 中国传统桑蚕丝织技艺（2009 年）：中华民族认同的文化标识。

22. 藏戏（2009 年）：戴着面具，以歌舞演故事的藏族戏剧，反映藏族人民的生活和思想感情。

23. 龙泉青瓷传统烧制技艺（2009 年）：一种具有制作性、技能性和艺术性的传统手工艺。

24. 宣纸传统制作技艺（2009 年）：宣纸是传统手工纸的杰出代表，宣纸传统制作工艺对传承中华民族文化产生了深远影响。

25. 西安鼓乐（2009 年）：中国传统器乐文化的典型代表，对研究中国古代音乐有着极高的学术价值。

26. 粤剧（2009 年）：中国南北戏曲艺术的集大成者。

*27. 羌年（2009 年）：羌族人民借以表达对所有生灵、祖国和祖先的尊重与崇拜。

*28. 中国木拱桥营造技艺（2009 年）：运用“编梁”等核心技术的拱架桥梁技艺体系。

*29. 黎族传统纺染织绣技艺（2009 年）：集纺、染、织、绣于一体，是黎族文化的载体之一。

*30. 麦西热甫（2010 年）：新疆维吾尔族一种特殊的民间娱乐形式，也是一种古老的民俗文化活动。

*31. 中国水密隔舱福船制造技艺（2010 年）：在中国的运用始于唐代的传统木船制造手工技艺。

*32. 中国活字印刷术（2010 年）：世界最古老的印刷技术。

33. 中医针灸（2010 年）：以调节人体平衡状态而达到保健和治疗的目的。

34. 京剧（2010 年）：融唱、念、做、打于一体的戏剧表演艺术。

*35. 赫哲族伊玛堪（2010 年）：一个人说唱结合地进行叙述，以说为主，以唱为辅，无乐器伴奏，具有鲜明的民族特色。

36. 中国皮影戏（2011 年）：皮制或纸制的彩色影偶形象，伴随音乐和唱腔进行表演。

37. 福建木偶戏传承人培养计划（2012 年）：福建木偶戏自公元 10 世纪开始就在闽南地区广泛传播。福建木偶戏传承人培养计划自 2008 年开始实施，被列入《人类非物质文化遗产优秀实践名册》。

38. 中国珠算——运用算盘进行数学计算的知识与实践（2013 年）：算盘被誉为“世界上最古老的计算机”。珠算始于汉代，是中华民族祖先的重大发明。

39. 二十四节气——中国人通过观察太阳周年运动而形成的时间知识体系及其实践（2016 年）：在国际气象界，这一时间认知体系被誉为“中国的第五大发明”。

40. 藏医药浴法——中国藏族有关生命健康和疾病防治的知识与实践（2018 年）：传统藏医药的一项代表性技艺。

41. 太极拳（2020 年）：基于中国传统哲学思想和养生观念，以中正圆活为运动特征的传统体育实践。

42. 送王船——有关人与海洋可持续联系的仪式及相关实践（2020 年）：广泛流传于中国闽南和马来西亚马六甲沿海地区的禳灾祈安仪式（与马来西亚联合申报）。

课后活动

1. 孔子说：“乐骄乐，乐佚游，乐宴乐，损矣。”意思是，以骄奢放肆为快乐，以闲逸游荡为快乐，以宴饮纵欲为快乐，是有损害的。当前社会文化生活呈现出多元化发展趋势，人们的生活情趣也日趋多样。但是，生活情趣又有高雅与庸俗、健康与不健康之分。联系实际，谈谈我们应当培养怎样的生活情趣，如何培养自己的生活情趣。

2. 经济管理学家士光敏夫在《经营管理之道》一书中写道：“能否成为一个有作为的事业家，关键之一在于你是怎样度过业余时间的。”他所指的业余时间中，就包括了丰富的业余爱好与生活。请结合你的学习和生活，自觉培养两三种有益的兴趣和爱好。

3. 从我国列入《人类非物质文化遗产代表作名录》的项目中选择你最喜欢的一个项目，写一篇 500 字左右的专题介绍。

第十五课　缔造美丽人生

- 我们应当树立怎样的人生观和价值观?
- 我们应当树立怎样的职业理想?
- 我们应当如何追求自己的职业理想?

俄国文学评论家别林斯基说：“世上有两种人，一种人虚度年华，另一种人过着有意义的生活。”那么，人究竟应该怎样活着，才算活得精彩，活得美丽，活得有意义呢?

一、树立正确的人生观和价值观

1. 什么是人生观和价值观

人生观是一个人对人生的目的、意义的根本看法和态度，包括幸福观、苦乐观、生死观、荣辱观、恋爱观等，其核心问题是如何认识和处理个人发展同社会进步的关系。价值观是人们对价值问题的根本看法，它是人们在一定历史条件下经过反复实践逐渐形成的一种观念，是与人的主观需要相连接的可被用来判断好坏、是非、利弊、善恶的一种观念。正确的人生观和价值观对一个人来说十分重要。正确的人生观和价值观可以指引一个人走人生的正道，用自己的劳动去创造人生业绩，成为一个有益于社会、有益于人民的高尚的人；错误的人生观和价值观将导致一个人背离正道，走上邪路，甚至成为危害社会、危害人民的罪人。

2. 树立正确人生观和价值观

青年学生应该树立正确的人生观和价值观，确立崇高的人生目标。爱因斯坦曾说："一个人的真正价值，首先取决于他在什么程度上和在什么意义上从自我解放出来。"一个人活着，不能单单想着自己；生命的意义不在于索取和享受，而在于创造和奉献。一个人的真正价值就在于他为人民、为社会、为人类作出了贡献。正因如此，爱因斯坦又说："我从来不把安逸和快乐看作生活目的——这种伦理基础，我叫它猪栏的理想。照亮我的道路，并且不断地给我新的勇气去愉快地正视生活的理想，是真、善、美。"他把求真、向善、立美作为一切人生价值的根本，并努力付诸实践，为人类的文明进步作出了杰出贡献。因此，我们应该把为人民、为社会作出贡献视为人生的意义所在。

尽管每个人的能力有大小，成就有高低，倘都把为人类、为社会作出力所能及的贡献视为人生价值之所在，那么这种人生就是有意义、有价值的，因而也是美丽的。周恩来"为中华之崛起而读书"的豪迈誓言，雷锋（见图 15-1）"我活着就是为了让别人活得更好"的纯朴话语，徐虎"你不奉献，我不奉献，谁来奉献；你也索取，我也索取，向谁索取"的心灵告白以及他们为人民服务的高尚行为，都闪耀着灿烂的光芒。

图 15-1 雷锋同志的塑像

在新的历史时期，我们应当自觉遵循社会主义核心价值观，自觉抵制拜金主义、享乐主义、极端个人主义人生观，追求有意义的人生目标，确立积极进取、乐观向上的人生态度，树立为实现中华民族伟大复兴而奋斗的崇高人生理想。

3. 坚定中国特色社会主义共同理想

青年人，要树立正确的人生观、价值观，做有理想的人。只有有了远大的理想，我们的人生追求才能更高，人生步履才能更坚实，才能更好地为人民服务。

摆脱贫穷走向富强，消灭专制走向民主，抛弃愚昧走向文明，是近代以来我国人民不断追求和奋斗的目标。新中国成立后，在中国共产党的领导下，坚持和发展中国特色社会主义，把我国建设成为富强、民主、文明、和谐、美丽的社会主义现代化强国，是全国各族人民的共同理想。它集中反映了各族人民的根本利益和愿望，是凝聚中华民族的伟大旗帜。为实现共同理想而奋斗，已经构成了我们这个伟大时代的伟大实践，激起亿万人民投身社会主义现代化建设的巨大热情。

经过新中国成立以来特别是改革开放以来的不懈努力，我国取得了举世瞩目的发展成就，我国社会的主要矛盾已经由人民日益增长的物质文化需要同落后的社会生产之间的矛盾，转化为人民日益增长的美好生活需要和不平衡不充分的发展之间的矛盾。把宏伟的蓝图化为光辉的现实，是我们青年人的神圣使命。每一个人都应把实现共产主义的崇高理想，化为对共同理想的忠诚和热情，让青春在坚持和发展中国特色社会主义、实现中华民族伟大复兴的事业中闪光发亮。

● 思考与交流

习近平在庆祝中国共产党成立100周年大会上的讲话中指出，未来属于青年，希望寄予青年。一百年前，一群新青年高举马克思主义思想火炬，在风雨如晦的中国苦苦探寻民族复兴的前途。一百年来，在中国共产党的旗帜下，一代代中国青年把青春奋斗融入党和人民事业，成为实现中华民族伟大复兴的先锋力量。新时代的中国青年要以实现中华民族伟大复兴为己任，增强做中国人的志气、骨气、底气，不负时代，不负韶华，不负党和人民的殷切期望！

联系实际，谈谈你对当代青年理想与责任的理解和认识。

二、树立正确的职业理想

职业理想是人们对自己未来从事的职业和发展目标所进行的设想，是借助想象而确立的奋斗目标，是个人渴望达到的职业境界。

1. 把职业理想与共同理想结合起来

要树立融于社会主义现代化建设之中的职业理想。我们青年人朝气蓬勃，在职业理想方面有自己的追求。凡是与中国特色社会主义共同理想相一致的职业理想，都应该得到提倡和鼓励。我们应该根据社会主义现代化建设的需要来确立自己的追求，确定理想的坐标，把实现职业理想的过程作为为社会主义现代化建设建功立业的过程。当职业理想与社会主义现代化建设发生矛盾时，应自觉以社会主义现代化建设为重。如果不是这样，沉溺于个人的小天地里，整天打自己的小算盘，即使一时能拼搏一番，当个人的某些眼前利益得到满足后，往往又会走向事业和人生的下坡路，严重的还会损害国家利益和社会主义现代化建设。

● **知识链接**

张桂梅：让教育之光照亮贫困山区

张桂梅，1957年6月出生于黑龙江省牡丹江市的一个农民家庭。10多岁的时候，她跟随参加“三线建设”的姐姐来到云南省中甸县（今香格里拉市）。1975年，在当地参加工作。1983年，调任中学教师。1988年，她心怀教育梦想，考入丽江教育学院中文系。毕业后不久，她自愿扎根云南边远地区，把全部身心投入当地教育事业和儿童福利事业。

作为一名党员，张桂梅始终把教书育人、立德树人作为自己的人生理想和奋斗目标，矢志不渝、执着追求，为党和人民的教育事业奉献了自己的一切。她心系困难群众，投身教育扶贫，建成了全国第一所全免费女子高中。她坚持树人先树魂，贯彻党的教育方针，把思想政治建设和理想信念教育作为立校之本。她长期拖着病体，坚守工作岗位，以实际行动兑现自己“只要还有一口气，就要站在讲台上”的诺言；她始终艰苦朴素、甘守清贫，却把自己的工资、奖金和社会各界捐助她治病的100多万元全部投入教育事业。在她的不懈努力下，女子高中连续10年高考综合上线率保持100%。建校十几年来，已累计把1 900多名女孩送入大学，点亮她们的人生梦想。60多岁的张桂梅，被学生亲切地称作“张妈妈”。

2020年12月，张桂梅被中宣部授予“时代楷模”称号。2021年2月，她被评为“感动中国2020年度人物”。2021年6月29日，她被党中央授予“七一勋章”并在“七一勋章”颁授仪式上发言。

2. 让职业理想引领奋斗

一个人的成就绝不会高过他的理想和信念，这是久经证明的真理。职业理想作为一种价值目标，能够激发人们的意志和激情，产生一种强大的精神动力。黑格尔说：“如果你的理想高于你的才干，你的明天就会胜过今天。”一个人的职业理想越远大，上进心就越强，而奋斗也就更为努力。职业理想就是这样一支火把，它能最大限度地照亮我们前行的道路，指引我们走向成功。相信自己，挖掘自己，超越自己，让职业理想引领奋斗，我们的今天才有可能超过昨天，我们的明天才有可能超过今天。

思考与交流

你能举出几个敢想敢干，成就事业的当代故事吗？

3. 把职业理想和现实条件结合起来

当然，提倡“志当存高远”，并不是让我们确立一个高不可及的目标。远大的理想绝不等同于不切实际的幻想。理想既是美好的，又是现实的。追求理想离不开现实条件，必须把主观愿望和客观实际统一起来。这就需要我们在确立目标和追求时，对客观实际有一个清醒的认识，既要看到自身的优势，又要看到社会的需要；既要立足当前，又要着眼发展。当我们发现个人追求同实际情况不符合时，要善于调整和矫正，不能钻牛角尖；如果遇到困难和挫折，要正确分析原因，接受教训，鼓起进取的勇气，重新扬起理想的风帆。我们还要懂得，人生的辉煌并不只在于成名成家、收获名利，更在于朝自己的目标做了最大限度的努力和追求，通过从事自己热爱的工作为社会服务。无论从事什么行业，只要我们脚踏实地，精益求精，都能在平凡的岗位上做出不平凡的业绩，让生命之树绽放出绚丽的花朵。

三、矢志不渝追求职业理想

立志不易，成功更难。虽说树立职业理想和成功之间有着密切的联系，但是树立职业理想并不等于成功。俄国作家克雷洛夫说：“现实是此岸，理想是彼岸，中间隔着湍急的河流，行动则是架在河流上的桥梁。”在立志与成功之间，还需要有实践志向的具体行动，否则再好的志向也只能是空中楼阁。

1. 要掌握专业知识和技能

21 世纪是知识经济的时代，科学技术的发展日新月异，知识的“保鲜期”越来越短，许多新技术、新知识需要我们去学习、去掌握。我们只有树立终身学习的理念，坚持与时俱进，不断学习，才能获得新知，增长才干，从而从容地应对瞬息万变的现代社会，为实现人生中的每一个目标奠定坚实的基础。

● 知识链接

方文墨：从“文墨精度”到“大国工匠”

方文墨，1984年出生，现为中航工业沈飞标准件中心钳工、高级技师、中航工业首席技能专家。18岁那年，他从沈飞技校毕业后进入沈飞公司担任钳工。

在飞机制造中，钳工负责最后一道手工精密加工零件工序，其精细程度、艰苦程度和枯燥程度都是常人难以想象的。从身形来看，方文墨不太适合做钳工。1.88米的身高让他的重心过高，每天必须弯着腰操作机器，而他200斤的体重则让操作台显得窄小局促。然而出生于航空世家的方文墨从小就受到祖辈、父辈的航天报国情怀的感染。为了成为一名优秀的钳工，他把家中的阳台改成了练功房，苦练基本功。每天八九个小时，反复8 000多次的锉修动作，让方文墨身上的衣服被汗水湿透，体重一斤斤掉下来，背也有些驼了。正常情况下，钳工一年会换10多把锉刀，而方文墨一年却换了200多把。26岁那年，他夺得全国钳工比赛冠军。他创造了0.003毫米加工公差的“文墨精度”，被誉为“全国最好的钳工”。

参加工作以来，他搜集整理了20余万字的钳工技术资料，自制刀、量、夹具100余把（件），改进各种刀、量、夹具200余把（件），改进工艺方法60余项，改进设备2项，研究生产窍门24项，总结先进操作方法和撰写技术论文12篇，申报技术革新项目20项，并取得了“定扭矩螺纹旋合器”“加工钛合金专用丝锥”“多功能测量表架”3项国家发明专利和实用新型专利。他显著提高了劳动生产效率，为企业发展和我国的航空事业作出了突出的贡献。2019年，方文墨被中宣部和中华全国总工会授予“最美职工”荣誉称号。

2. 要有苦干实干的精神

鲁迅先生说：“伟大的成绩和辛勤的劳动是成正比例的，有一分劳动就有一分收获，日积月累，从少到多，奇迹就可以创造出来。”古往今来，一切有成就者无不是辛勤的耕耘者。爱迪生在留下1 000多项伟大发明的同时，也留下了一句不朽名言：“天才就是1%的灵感加上99%的汗水。”如果没有勤勤恳恳、踏踏实实的苦干、实干精神，就永远不能到达成功的彼岸。因此，我们应该脚踏实地，做到干一行、爱一行，钻一行、精一行，通过业务竞赛、岗位练兵以及业余时间自学等方式，不断挑战自我、提升自我，在为推动企业发展和社会进步的实践中，努力实现自己的人生价值。

● **知识链接**

清华“英语神厨”张立勇

张立勇，1975年出生于江西赣南一个贫困的小山村。1992年秋，高二开学刚刚一个月，张立勇便辍学了。1993年他揣着几本高中课本南下广州，开始了打工生涯。在找工作时，不少用工单位对英语水平提出了要求，这使他意识到英语的重要。可是在广州打工期间，他很少有时间和精力投入到学习中去。

1996年，他辗转来到清华大学食堂当了切菜工。对他而言，这是一个可以边工作边学习的好机会。尽管每天早上4点多就要起床，正常工作要站八九个小时，但他以“在年轻人的辞典里永远没有失败这个单词”作为座右铭，确定了这样的时间表：早上起来学1小时，午休时学40分钟，晚上7点半下班后学到深夜；清华、北大的英语角，每周坚持去一次。多年如一日，无论酷暑严冬，他天天坚持按时间表学习。后来他报考英语四、六级，全部以高分通过，再后来就在托福考试中脱颖而出，受到媒体关注。2004年10月，共青团中央向张立勇颁发了“中国青年学习成才奖”。张立勇没有因此停下学习的脚步，先后获得经济学学士、传播学硕士。

张立勇现任中国青少年责任与成长大讲堂组委会主席、共青团北京青春梦想志愿者协会理事等职。其作品《英语神厨》被评为“全国青少年最喜爱的图书”，《坚持的力量》入选“向全国青少年推荐的百部优秀图书”，并获“冰心儿童文学奖”，深受广大读者的喜爱。

3. 要有百折不挠的意志

俗话说：“人生之事，不如意者十之八九。”的确，通向成功的征途并不都是平坦笔直、一帆风顺的，顺利和挫折的境况常常交替出现。身处顺境时，要保持清醒的头脑，戒骄、戒躁、戒浮、戒奢，自觉抵御各种诱惑，抓住时机，积极地发展自己，踏踏实实地朝着既定的目标前进；遭遇挫折乃至失败时，不要埋怨，不要气馁，坚强而平和地面对现实，矢志不移，勇于创新，只有这样，才能踏平坎坷，斩除荆棘，迎来柳暗花明。

图 15-2 有志者，事竟成

知识链接

刘伟：隐形的翅膀

当一名足球运动员是刘伟的梦想，但 10 岁那年的一次触电事故，不仅让他失去了双臂，更剥夺了他在绿茵场奔跑的权利。由于较长时间的治疗和康复训练，刘伟耽搁了两年学业。在家教的帮助下，刘伟利用暑假将落下的两年课程追了回来，开学考试他进入了班级前三名。重回人生轨道的刘伟，一直对体育念念不忘，足球不行，那就改学游泳。12 岁那年，他进入北京残疾人游泳队，两年后在全国残疾人游泳锦标赛上夺得两金一银。

然而命运对这位年轻人的残酷之处在于：总是先给了他一个美妙的开局，然后迅速地吹响终场哨。在为残奥会努力做准备时，高强度的训练导致刘伟免疫力下降，他不幸患上了过敏性紫癜。医生警告说，必须停止训练，否则会危及生命。无奈之下，刘伟与游泳说再见，转身走进了钢琴世界。但他的学琴之路并不一帆风顺。他报考音乐学校，遭到了拒绝甚至歧视。但坚强的他没有因此沉沦，他选择了自学。没有手臂怎能弹琴？——用脚！用脚弹琴何其艰难？许多人用手弹都需要苦练很多年才有起色，何况是用脚。他每天练琴时间超过 7 小时。那真是精神和体力的双重考验。在脚趾一次次被磨破之后，他终于逐渐摸索出了如何用脚来和琴键相处。一年后，刘伟的钢琴水平达到了专业七级。

2010年8月，在《中国达人秀》的现场，他垂着空的袖管走了上来，坐到钢琴前，一首《梦中的婚礼》征服了评委，他夺得了《中国达人秀》冠军。2011年，他走进了维也纳金色大厅。2012年，他成为“感动中国2011年度人物”。

“我的人生中只有两条路，要么赶紧死，要么精彩地活着。活着就值得庆祝！”刘伟虽然失去了双臂，但他有一对隐形的翅膀——不甘平庸、追求精彩人生的梦想！刘伟用拼搏成就壮美人生，他是当之无愧的生命强者。2012年，刘伟倡导发起“刘伟拥抱基金”，并投身于公益事业，他希望用自己的故事给予更多人勇气和爱，激励他们把不幸和挫折转化为勇敢、坚韧和绽放。

时光荏苒，20世纪90年代流行的一首《真心英雄》，至今仍传唱不衰。其中的四句歌词让无数年轻人为之感动：

把握生命里的每一分钟，

全力以赴我们心中的梦。

不经历风雨，怎么见彩虹?

没有人能随随便便成功!

在此，把这四句歌词献给我们自己，愿我们用勤劳的汗水，用闪光的智慧，书写壮美的人生篇章!

图15-3 展翅翱翔

• 课后活动

1. 2019年4月30日，习近平在纪念五四运动100周年大会上的讲话中指出，青年志存高远，就能激发奋进潜力，青春岁月就不会像无舵之舟漂泊不定。正所谓“立志而圣则圣矣，立志而贤则贤矣”。青年的人生目标会有不同，职业选择也有差异，但只有把自己的小我融入祖国的大我、人民的大我之中，与时代同步伐、与人民共命运，才能更好实现人生价值、升华人生境界。离开了祖国需要、人民利益，任何孤芳自赏都会陷入越走越窄的狭小天地。

请联系实际，谈谈你的理解和认识。

2. 有一年北京市的高考作文要求以“仰望星空与脚踏实地”为题，写一篇不少于800字的文章。请也以此为题，从树立和追求职业理想的角度进行写作。